新媒体视阈下
大学体育理论与实践

郭保国 著

中国原子能出版社

图书在版编目(CIP)数据

新媒体视阈下大学体育理论与实践 / 郭保国著. —
北京:中国原子能出版社,2020.9 (2021.9 重印)
ISBN 978－7－5221－0874－2

Ⅰ.①新… Ⅱ.①郭… Ⅲ.①体育－教学研究－高等
学校 Ⅳ.①G807.4

中国版本图书馆 CIP 数据核字(2020)第 173682 号

新媒体视阈下大学体育理论与实践

出版发行	中国原子能出版社(北京市海淀区阜成路 43 号 100048)
责任编辑	胡晓彤
装帧设计	刘慧敏
责任校对	刘慧敏
责任印刷	肖会娟
印　　刷	三河市明华印务有限公司
经　　销	全国新华书店
开　　本	787 mm×1092 mm　1/16
印　　张	11.75
字　　数	210 千字
版　　次	2020 年 9 月第 1 版　2021 年 9 月第 2 次印刷
书　　号	ISBN 978－7－5221－0874－2　**定　价**　58.00 元

网址:http://www.aep.com.cn　E-mail:atomep123@126.com
发行电话:010－68452845

前言 PREFACE

随着信息技术的不断完善与发展，以及高校体育教学改革的不断深化，新媒体技术与高校体育教学的联系日益紧密。在新媒体环境下，高校体育教学的背景、内容以及相对应的教学方式都发生了十分明显的变化。新媒体技术对高校体育教学的改革具有极大的促进作用，它既能丰富教学的内容也能拓展教师教学的手段，提升学生的学习兴趣和教学效率。当前，如何适应不断变化时代的需求，有效在高校体育教学中应用新媒体技术，成为亟待研究的话题。

本书以高校体育教学为主体，探讨新媒体给高校体育教学带来的影响，并提出针对性的解决措施，以期进一步有效带动高校体育教学的发展，达到高校体育教学的目标。主要内容包括新媒体与高校大学生发展、体育教学内容与资源开发、体育教学过程、体育课堂教学与管理、大学生体质健康与运动保健、科学运动训练实践的探索研究、体育教学管理改革的研究与探索等。

本书由郭保国（山西药科职业学院）著。在写作过程中，笔者参考了部分相关资料，获益良多。在此，谨向相关学者师友表示衷心感谢。

由于水平所限，有关问题的研究还有待进一步深化、细化，书中不足之处在所难免，欢迎广大读者批评指正。

著　者

2020 年 9 月

目 录 CONTENTS

第一章 新媒体与高校大学生发展

随着我国社会转型的加快，大学生思想教育的目标和内容都发生了重大变化，大学生思想教育的传统方法越来越不适应大学生思想教育的实际，这不但阻碍了学生独立性和个性化的发展，也限制了学生创造性的发挥。其原因在于思想教育的传统方法经常忽视学生的个体差异，没有体现"以学生为本"，存在着跟现代社会发展相脱节的倾向。大学生思想教育方法只有不断改进和创新，其实效性才能得到进一步的提高，这为当前思想教育方法的完善和创新提出了新的要求。新时期，大学生思想教育方法必须根据形势的新变化不断进行创新，自觉贯彻以人为本的思想，树立现代的思想教育观，以创新求发展，实现对思想教育传统方法的超越，将新媒体概念融入到大学生思想教育方法中，逐步构建起符合时代发展的思想教育体系，不断提升大学生思想教育的质量。

第一节 新媒体的概念与特点

研究新媒体时代的特点，首先要弄明白一个问题：何为新媒体(New media)？对于新媒体及其时代的界定，学者们可谓众说纷纭，各有道理，至今没有一个定论。清华大学的熊澄宇教授认为："新媒体是一个不断变化的概念。在今天网络基础上又有延伸，无线移动的问题，还有出现其他新的媒体形态，跟计算机相关的。这都可以说是新媒体。"

1967年，时任美国哥伦比亚广播电视网(CBS)技术研究所所长戈尔德马克(P·Goldmark)率先提出新媒体的概念。首先，他认为新媒体是一个相对的概念，是区别于传统媒体提出的，它利用数字和网络技术、移动技术，通过互联网、无线通信网、卫星等渠道及电脑、手机、数字电视机等终端，向用户提供信息、娱乐服务的传播形态和媒体形态，是在传统媒体(广播、电视、报刊、杂志等)以后发展起来的一种新的媒体形态。严格意义上来说，新媒体是数字化媒体，在当下的科技水平下，手机等便捷的通信方式发展很快，而互联网是其主体。

人们对"新媒体"的认识是逐步实现的。随着网络、手机、移动电视的出现，"新媒体"的概念开始使用，1992年美国实施信息高速公路时，"网络"这一概念开始提出。早期的一些研究中，虽谈及新媒体，但大多仍沿用网络这一特定的概念，把"新媒体"理解为"新媒体时代互联网"，对新媒体的认识不够深入。人们对新媒体的认识随着研究的不断深入而逐渐深化。徐振祥认为,新媒体的数字技术特征包括以数字的方式展示、模块化和自动化、可变性和转编码性及开放性和交互性、个性化和虚拟化的特点。肖学斌指出,新媒体是新的技术支撑体系下出现的媒体形态,如数字杂志、数字报纸、数字广播、手机短信、移动电视、网络、桌面视窗、数字电视、数字电影、触摸媒体等形式。阚宝奎认为,新媒体不仅仅是新技术的罗列,更是建立在网络技术之上的广泛传播信息的一个平台。从"网络"到"新技术"再到"平台"的概念,说明研究者对"新媒体"概念的认识逐步深化,并逐渐开始触碰新媒体概念的核心与新媒体环境生成的要旨,研究视野变得越来越开阔。

第二节　新媒体在大学生群体中的广泛应用

在众多的新媒体内容形态中,大学生普遍使用的是网络媒体和手机媒体。中国互联网络信息中心于 2016 年 1 月发布《第 37 次中国互联网络发展状况》统计报告中提到,目前互联网和手机是高校大学生接触频次最高的媒体。近 100%的大学接触过互联网,而国内网络普及率是 50.3%,这显然高出了国内网络普及率;截至 2015 年 12 月底,我国的网民数量是 6.88 亿,一年之内网民的数量增加了 3951 万人,较 2014 年年底提升了 2.4 个百分点。以 2015 年 12 月底为截止日期,我国手机网民的数量是 6.2 亿,与 2014 年年底相比,增加了约 6303 万人,使用手机上网的人群由上一年年底的 85.8%提高到 90.1%;网民的主体为 30 岁以下的年轻人,这个群体占到网民总数的 51.3%。在互联网普及率方面,高中和大专以上学历人群占据较大的比例,特别是大专以上学历人群上网比例接近饱和。由此可以看出,网络技术、手机移动技术的飞速发展,其强大的便捷性、即时性的特点,使他们在新媒体发展中迅速脱颖而出。手机媒体的使用,更是成为当代大学生生活中不可或缺的一部分,对大学生的生活方式产生了重要的影响。相比社会中的其他群体,大学生具备一定的知识水平,对于新的媒介技术的应用和操作具有较强的学习能力和较高的熟练程度。

在学习中,大学生可以通过网络来查找学习资料,查找过程方便、快捷。如若在学习中遇到了疑惑难题,这时百度、Google 等搜索引擎就成为主要使用工具;在生活中,用手机短信、QQ、MSN、微信与同学朋友聊天,则成为众多同学业余生活的重要组成部分;而逛微博、上淘宝网俨然成为大多数学生周末休闲的一部分;到了寒暑假的假期时间,网上订票更是大学生们购票的首选。各种新媒体进入校园虽然只有短短的十几年,但无论是在深度和广度上,早成为大学生生活中很重要的一部分，越来越多的大学生已经与各种新媒体有了越来越密切的关系。

调查显示，大学生在使用新媒体的主要用途中，娱乐休闲占 36.8%，排在第一位；交流聊天占 30.2%，排在第二位；排在第三位和第四位的依次为关注时事和学习知识，分别占的百分比为 15.3%和 14.7%；其他用途占 3%。在新媒体使用类型中，学生最常上的网站是新浪和搜狐，其次是以 Web2.0 为代表的网站，如 QQ 空间、微博等，主流论坛网站排在第三位，如百度贴吧、人人网、天涯社区，豆瓣等。其中微博成为近年最受大学生青睐的信息传播形式。关于大学生每天使用微博的次数，相关调查显示，每天使用 1 次的人数占 39%；每天使用 3 次的人数占 36%；每天使用 3 次以上的人数占 25%，大多数学生使用微博，其中表示使用微博浪费时间的占 5%。可见，大学生对微博这种新兴媒体的喜爱程度。

在以交友为主的各大网站中，目前大学生使用较多的有 QQ、微信、MSN、雅虎通、网易泡泡、新浪 UC、ICQ 等。调查表明，99%的学生有 QQ 号，90%以上的学生使用 QQ。这充分说明了新媒体交往方式的虚拟性，已经成为主要的交往方式，也成为大学生娱乐休闲、保持人际关系、学习知识、了解世界的新平台。在未来，新媒体将会更加深刻地嵌入人们的生活、学习、工作中，使大学生在思想、伦理道德、法治观念等方面发生新的变化，并且产生越来越深刻的影响。

第三节　新媒体对大学生发展的影响

随着物质水平和精神水平的不断提高，单一接收信息的方式越来越无法满足受众的需要，于是在经历了报纸、广播、电视的发展创新以后，互联网以其文字、音频、视频复合型的“新媒体”传播，引领着传播媒体进入崭新的发展格局。新媒体以其多样、快捷的诸多优势占领着现代人生活的制高点，给人们的生活带来了深刻的影响。其中，使用新媒体最为广泛、活跃的力量之一便是大学生，他们青春活力，他们朝气蓬勃，他们的世界观、人生观、价值观最终形成的重要阶段就是大学阶段。其间，他们对各种新鲜事物都充满了好奇，不断地探索、追求新事物，并且具有相应的接受新事物的能力，于是新媒体的使用便对大学生的日常生活、伦理道德、法制观念等方面产生了重大而深远的影响。

在形式多样的新媒体中，互联网技术和手机媒体技术成为当下对大学生生活影响最大的两种新媒体，它们是以数字化为代表的新媒体的领军者，大学生则成为领军者中的最先体验者，在给大学生的学习方式、交往方式带来新的冲击时，也使其整个受教育的过程被新媒体时代所冠名。新媒体的诸多特点如开放性、自由性和互动性等，使生活在其中的青年一代尤其是大学生的生活和传统媒体时代相比，发生了翻天覆地的变化。

一、新媒体对大学生日常生活的影响

（一）虚拟性与现实性并存的交往方式

网络的产生与发展，为人类带来了一个全新的世界，由此也产生了许多新的媒体形式。当E-mail、QQ、微信、博客、微博等在大学生中得到广泛应用之时，他们人际交往的方式也发生了相应的改变。新媒体具有较为开放的舆论环境，这是传统媒体所无法比拟的。开放性和自由性的特点，也使大学生们在这里能够无拘无束，畅所欲言，追求自由、张扬的个性便成为他们最真实的标签。匿名性的特殊优势，则成为新媒体吸引大学生的独特之处。在具有匿名性的环境下，大学生们可以自由地表达思想观点，外界的干扰与限制则无须顾忌，一跃成为信息的传播者与主导者。这样，就形成了彼此既相互联系又相互分割的生活领域，即虚拟世界与现实世界。

生活在虚拟的空间里，大学生们一方面可以发泄自己的情绪，抒发自己的情感，表达自己的见解，用更为开放、更为平等的话语权来解决自己在物质上和精神上的问题；另一方面虚拟空间的匿名性使得部分大学生认为自己可以不受现实道德和法律的约束，能够恣意妄为，将不良行为发生后需要承担的社会责任抛之脑后；还有一小部分大学生日趋沉溺于虚拟世界，身陷其中却不能自拔，虚拟性占据了整个心灵，总是不自觉地将网络世界的虚拟性带入现实世界中，使现实生活中的人际交往产生了疏离反应，结果导致了人际关系的淡漠，这样很容易产生身体上和心理上的诸多疾病。

在新媒体大放异彩的当今社会，以现实世界为基础的虚拟世界不断发展壮大，这对于现实世界来说，不仅仅是一种威胁，对大学生自身亦是一种危险。因此，大学阶段的思想教育要将虚拟与现实的复杂关系正确处理好，要做到人的虚实和谐发展。只有正确看待了虚拟与现实的关系，处理好了虚拟世界与现实世界之间存在的问题，最终才能实现人的全面和谐发展。

（二）多样性与依赖性并存的学习方式

生活在新媒体的时代里，新媒体技术以其广泛性、快捷性的优势渗透于社会中的多个领域，教育领域就是其中之一。对于大学生来讲，新媒体的广泛应用，极大地扩展了他们获取知识的渠道，增加了其知识储备的容量，并且能够帮助大学生在最短的时间内获得最丰富的学科领域知识与前沿信息，提高学习效率，开阔学生的视野，也拓展了学生的知识面；对于大学本身来讲，新媒体的广泛应用，改变了传统的教学模式，使教学方式变得多样化、灵活化，并且具有极强的针对性。互联网自身所具有的开放性、交互性和虚拟性的特点，使受教育者在教育活动中的主体地位得到了提升，在互联网技术的支撑下，他们可以不断发展、扩大自身的文化空间，在选择权上具有主动性和自觉性，创造出一系列独特鲜活的网络话语体系，教育模式开始走向平等化。在这种模式关系中，教育者可以不断丰富其教学方式，不仅可以摆脱实体课堂的限制，而且还能达到资源共享的效果；教育者可以将与授课内容相关的所有知识通过网络进行资源共享，将其用图片、声音、文字相结合的“新媒体”表现出来，既直观、又形象，使受教育者不但能够自主学习，还能培养学习兴趣、提高学习效率，并且取之所长、补之所短，量体裁衣。

新媒体技术的不断发展使得大学生的学习方式变得多样化，然而在带来许多便捷的同时，也使部分学生对其产生了依赖性。凡事过于依赖网络的资源共享，缺乏个体的主动思考精神；使用基本的复制粘贴技术，就能轻松地完成一篇作业。如此一来，容易使大学生产生学习上的倦怠，对互联网的依赖性增强。因此，对于新媒体技术带来的学习方式上的改变，大学生思想教育者要辩证地看待它，在有效利用的同时，也要减少大学生对新媒体的依赖，使新媒体真正成为教学过程中的有力工具。

二、新媒体对大学生思想观念的影响

大学的生活丰富多彩，及时地了解国内外发生的重大时政要闻，关注政府的各项重大政策措施，成为大学生日常生活的一部分。对于大学生来说，可以通过登录如人民网、新华网等这些主流网站，也可以订阅手机报如《人民日报》《新华日报》等，来不断加强自身对中国特色社会主义核心价值体系的学习，对党的重大会议精神的学习；也可以通过浏览微博，了解国内外发生的重大事件及围绕在身边的家长里短。接收信息的广泛性、多样性，使大学生的思想观念也趋于多元化。

一方面，新媒体的出现丰富了大学生思想教育的内容，在传播信息和接收信息的过程中，实现了教育者和受教育者的平等互动，增强了大学生思想教育的时效性和针对性。在传统媒体占据主导地位的时期里，国家对电视、广播、杂志和报纸等这些主流媒体，采取监督管理的制度，这些媒体始终都是党和政府的耳目喉舌，宣扬社会主义主流价值观念和中华民族优秀的传统文化，传播形式都是单一的“一对多”，将其应用在思想教育领域，则是课堂上教育者一人的爱国主义讲述，或者是简单枯燥的先进个人事迹的报告会。但是在新媒体的环境里，网络社会开放性、自由性和双向性的特点，给人际交往带来了广泛性，不同心理、不同文化、不同社会之间的障碍也一一被打破，即时通信可以使人们自由地，不受时间、空间及地域的限制而进行交流。

例如，“感动中国 2012 年度人物颁奖典礼”的播出，通过新媒体的传播之后，在网络上激起一股感动的暖流。节目播出之时，中国网络电视台同步播出了“2012 年感动中国颁奖典礼”，利用全媒体平台进行宣传推进；在腾讯网、新浪等门户网站上，感动中国的专区被设置在了显著位置，通过文字、照片、视频等详细介绍了每个感动人物的故事，感动中国人物专题一天之内的点击量达到 180 万，腾讯微博搜索“2012 感动人物”的留言逼近 70 万；同时，感动中国的视频也在微信等新型通信工具中广为流传，一时间，道德春风吹遍中国大地。如今，无论你身在何方，一条需要帮助的微博一经发布，便会得到成千上万网友们的关注，浓浓爱心最后汇成爱的河流，一人的绵薄之力最后凝结成巨大的能量，去帮助那些身陷困境中的人们，彰显了我们国家大爱无私、友爱奉献的传统美德。从这一点上来说，新媒体对大学生思想观念的影响，比传统媒体更加无声细腻。

三、新媒体对大学生道德行为的影响

新媒体的独领风骚，使大学生一代的道德价值观发生了很大的变化。随着我国社会主义市场经济的不断发展，大学生的物质意识也随之不断增强，在新媒体实时交互的基础上，可以广泛地交流各种道德价值观，然后做出符合时代要求并适合自身发展的道德认识，进而产生不再中规中矩的道德行为。这些都说明了大学生的道德价值认知由绝对单一型转向了相对多元化，在追求自我价值的同时，也强调稳中求变。

四、新媒体对大学生法制观念的影响

互联网丰富了大学生的学习资源，它打破了学习上的时空限制，拓宽了学习渠道，方便了大学生对法律知识的学习，也强化了学校法治教育的时效性。但是，网络世界的无序和混乱也是现实社会无可比拟的，良莠不齐的信息到处可见，各种利益诱惑肆意蔓延，大学生的法制环境变得十分复杂。在网络中，任何人都可以根据自己的兴趣爱好，来伪装自己的身份；在网上说任何话、做任何事一般都可以不用承担责任与义务，这就在一定程度上弱化了大学生的法律意识与社会责任，从而导致网络犯罪的产生。近年来，在众多的网络违法犯罪案件中，大学生所占的比例日渐增多。其中，网络诈骗、网络色情犯罪、网络诽谤等案件，时有发生。这些犯罪行为的发生，揭示了当前大学生在法制观念方面存在的问题。没有基本的法律素养，缺乏法律基础知识，网络的虚拟新媒体背景下高校思想教育创新研究性也使他们进入了法律的误区，致使他们在网络中放纵自己的行为，以为网上的一切活动都不用受到法律的约束，于是在网络中为所欲为。

“以理想信念教育为核心，深入进行树立正确的世界观、人生观和价值观教育；以爱国主义教育为重点，深入进行弘扬和培育民族精神教育；以基本道德规范为基础，深入进行公民道德教育；以大学生全面发展为目标，深入进行素质教育”，这是新时期加强和改进大学生思想教育的主要任务。在新媒体不断发展的时代背景下，高校思想教育者应该看到大学生思想教育与新媒体的密切联系，在有效利用新媒体的同时，不断进行大学生思想教育的方法创新，提高大学生思想教育的水平。

第二章 体育教学内容与资源开发

第一节 体育教学内容的概述

一、体育教学内容的概念

体育教学内容是那些以体育教育为目的，以身体练习、运动技能学习和教学比赛等为形式，经过组织加工后的，可以在教学环境下进行的体育知识和技能的体系。

体育教学内容有别于一般的教学内容。体育教学内容与一般教学内容的区别表现如下。

例如，语文、数学等知识学科没有以运动为媒介，也没有以大肌肉群运动，更不是以身体运动的学习和运动技能的形成为培养目标的；因此没有人认为它是体育教育，其教材中的课文和练习等当然也就不可能被认为是体育教学内容；而一些同身体活动有密切关系的教育形式和内容，如军训、劳动课、生产技能课都伴随有大肌肉群运动，有的还是以技能的形成为主要目标的，但由于其培养目标不是身体运动技能的形成，因此也不被认为是体育教学内容。

体育教学内容也有别于竞技运动的内容，这个区别表现如下。

例如，奥林匹克运动会中的田径是以夺取竞技胜利为目的，是按公正比赛的原则进行组织加工的内容体系，因为它没有必要考虑怎样通过田径来完成教育的目的，它也不必从教育的角度出发进行改造；而作为教育内容的田径则必须根据某个学段的教育目标，根据被教育者的年龄和身心特点，根据学校的场地器材情况，根据教学课时和教学计划安排进行改造，因此它在许多地方有别于在竞技场上进行的田径。

所以，在现实中有些同名的体育运动内容和体育教学内容会有很大的差异。

体育教学内容属于教育内容，但在形式上很多教育内容相去甚远；相反，体育教学内容来源于体育运动内容，形同于体育运动内容，却在体系上已不同于为了娱乐和竞技的体育运动内容。这形成了体育教学内容的独特性质和在教育内容中的独特位置，这个特性使得体育教学内容的选择、加工及教学过程都更加复杂，更加多变,使得“竞技运动教材化”的必要性和紧迫性更为突出。

体育课程内容是指为实现体育课程目标而选用的体育卫生保健基本知识和各种运动动作及各种社会体育信息等。体育课程目标一旦表述明确,就为体育课程内容的选择和组织确定了一个基本方向。

二、体育教学内容的来源与发展

(一)体育产生的动因

关于体育的起源,我国体育史学者有三种基本看法,即“劳动产生体育说”“体育产生多源说”和“需要产生体育说”。“劳动产生体育说”以马克思主义“劳动创造人本身”的唯物史观作为立论依据,是我国关于体育起源的较为传统的学说。“体育产生多源说”则认为单纯的劳动不足以说明体育起源,许多人类社会因素都在一定程度上影响着体育的萌生,体育有多个源头,而不是一源。20 世纪 80 年代,有学者提出“需要产生体育说”,并逐步在人们的认识中占据重要地位。其实,在体育产生过程中,以上诸方面对体育的产生发展都有着不可替代的作用。这是因为,既然劳动在人的形成过程中起着重要的奠基作用,当然也会促进作为人类社会属性一部分的体育的形成。人的体育需要,作为人类活动的多种动因之一,也必然推动着人类的体育行为。同时,人类的多种社会实践活动,也必然反过来投射到人体本身,引起对自身身体和健康的关注,从而萌生出体育的幼芽。

1. 生产劳动是促进体育产生的基本动因

体育是随着人类社会的发展而产生和发展起来的,生产劳动是促进体育产生的基本动因。生产劳动是人类赖以生存和一切活动的基础,是人类最基本的实践活动。人在从动物进化到人的过程中,劳动是其决定的因素。作为劳动器官的手,作为思维器官的大脑和交际工具的语言等都是在劳动中逐步发展起来的。正如恩格斯在《劳动在从猿到人转变过程中的作用》一书中所指出:“‘劳动’乃是整个人类生活的第一个基本条件,而且达到这样的程度,以致我们在某种意义上不得不说,劳动创造了人本身。”

原始人类在漫长的生产劳动中,学会了制造工具和使用工具。在解决衣食住行的同时,也在改进着自己的体力和智力。在原始时期,劳动条件艰险,周围环境恶劣,工具简陋粗笨,体力负担繁重。为了获得生活资料和保卫自身安全,原始人类必须经常与自然灾害和野禽猛兽做斗争，需要运用走、跑、跳跃、攀登、爬越、投掷、游泳、负重等多种活动技能。人们活动技能的水平，成为衡量原始人类劳动能力大小的主要标志。原始人类的这些活动，其根本目的是为生存，而不是为了锻炼身体，增强体质。然而，用历史唯物主义的观点来分析，原始人在生活水平低下的情况下，不可能有明确的社会分工，许多社会活动之间没有清晰的界限，人们当时的跑、跳、投、攀、爬等动作技能既是劳动动作，也是基本生活技能，但同时也构成了体育运动的基本要素——身体动作。人类这一属性的出现，就是最初的体育萌芽和雏形，原始形式的体育就是这样不可分割地孕育在原始社会的生产劳动之中。

2. 人的需要是促进体育产生的主观原因

任何社会现象，无不以社会需要和人的需要作为其产生、存在和发展的依据。科学共产主义创始人把人的需要看成是人类活动的激活剂，人正是由大量“需要”的激励而生活着和活动着。也可以说，人的活动就是由需要而引起的，需要是人的能动性的源泉和动力。马克思曾写道：“任何人如果不同时为了自己的某些需要和为了这种需要的器官而做事，他就什么也不能做。”恩格斯指出：“需要产生了自己的器官。”可见，人类社会的历史就是在新的需要不断产生、发展和得到满足的过程中前进的。共产主义社会最主要的标志之一，就是最大限度地满足人们的一切合理需要。

用需要理论来分析体育产生的动因，可以发现，原始人的身体活动大致有以下几种。第一种是为了谋生而进行的身体活动，如狩猎、捕鱼、农耕等；第二种是为了防卫而进行的武力活动，如攻、防、格斗等；第三种是日常需要的生活活动，如走、跑、跳、投掷、攀爬等。在生产力水平很低的情况下，原始人的这些需要反映了人的最基本的需要。同时，原始人不仅有劳动的需要、防卫的需要，他们有思想感情、喜怒哀乐，也必然存在与人交往的需要、与疾病抗争的需要、表达和抒发内心情感的需要。这样，在原始社会里，就出现了既不属于生产活动，又不同于一般生活技能的社会性活动，如游戏、竞技、舞蹈、娱乐等。据《诗经·大序》记载，原始人常借手舞足蹈来抒发他们内心的情感，即所谓“情动于中，而形于言，言之不足，故嗟叹之，嗟叹之不足，故咏歌之，咏歌之不足，不知手之舞之，足之蹈之也”。

归根结底，原始人类作为具有生物性和社会性的个体，需要进行精神的自我调节，需要对身体的自我养护，从而创造出多种多样的身体动作来维护自身的健康和生存繁衍。尽管人类早期的某些需要仍显蒙昧，许多身体活动的目的也不明晰，但它为人类利用体育手段达到自身生存目标走出了关键性的一步。因此，可以说人的需要是体育产生的主观原因。

（二）体育的发展内容

1. 武术与武道

在古代的学校里，体育多是以武士的教育来体现的，体育教学内容多是一些实用的军事性技能，如我国奴隶社会教育中的“射”和“御”，古代和中世纪欧洲的“骑士教育”中的射箭、剑术等内容，其他东方国家教育中的各种冷兵器训练和柔术等徒手防身术的内容等。这些内容构成了现在体育内容中“武术”和“武道”内容的基础。随着近代军事发展，这种技能性军事手段逐渐失去了实际意义，而向健身和精神修炼的方向转变，如我国的武术、摔跤，日本的柔道、弓道、剑道，韩国的韩式相扑、跆拳道等。这些内容由于在精神修炼和意志培养方面具有其他运动所不具备的功能和魅力，因此也一直深受全世界青少年的喜爱，并在许多国家的体育教学内容中占有一席之地。

2. 舞蹈与韵律性运动

在古代社会中，舞蹈是人们祭祀和举行各种礼仪时最为常见的运动，也是人们包括青少年喜爱的体育运动形式，例如在我国敦煌壁画中就有许多市民在户外进行集体舞蹈的画面。在世界其他地区舞蹈也都是各民族文化中的重要组成部分，在近代学校中也比较早的就有了舞蹈的内容；而与舞蹈相近的韵律性体操类项目，也在近代随着瑞典体操这样的既追求美感又追求锻炼效果的体操的发展而逐渐发展起来，后来在韵律体操的基础上又出现了艺术体操、健美操等内容。舞蹈也逐渐发展成为民族舞蹈、创作舞蹈、体育舞蹈等多种形式。

由于舞蹈和韵律性体操在陶冶身心、培养美感和节奏感方面具有独特的功能，因此，自从这样的内容进入体育教学内容后，就一直深受学生的喜爱。现在大多数国家的体育教学内容都有舞蹈和韵律体操的内容。

3. 体操与兵式体操

早在公元前 7 世纪，在古希腊就出现了以指导青少年和市民参加竞技的职业。公元前 5 世纪出现了“体操术”和“体操家”的称谓。虽然在当时没有明确的分类，但实际上体操术中包括了竞技体操术（实际上是对参加竞技比赛的训练法)、医疗体操术(相当于运动疗法和保健运动)和教育体操术(相当于体操教学内容)三大类。随着近代殖民主义的发展,这种“洋操”日益发展,具有代表性的是德国和英国的兵式体操,其主要内容有队列、刺杀、射击、战阵和战术等。这种兵式体操与近代北欧国家的器械体操合起来构成了近代学校体育教学内容的体操类部分,在现今大部分国家的体育教学内容中还都有体操的内容。

4.游戏和竞技性体育运动

早在近代学校出现之前,在世界各国社会上或古代学校中就有游戏的内容,如欧洲的投圈、骑马等内容,后来这些游戏随着市民体育的发展逐渐地完善成型,成为比较正规的体育运动。工业革命以后,以英国和美国的游戏为中心发展起来的近代竞技体育运动迅速发展,如棒球、橄榄球、篮球、排球、乒乓球、羽毛球等,还有从走、跑、跳、投等人体的最基本活动能力规范和发展起来的田径运动。这些现代竞技运动伴随着近代殖民主义的扩张和教会学校的发展迅速传向全世界,并在各国学校中逐渐成为体育课的主要内容。由于竞技性体育运动具有很强的娱乐性和健身作用,深得青少年的喜爱,因此成为现代体育教育内容中占比例最大,内容最为丰富的一部分。

应该说,上述几大类内容是构成现代体育教学内容的主要部分。虽然各国的体育课程中上述内容的比例不尽相同,对各个教材的重视和强调程度也各有差异,但体操类内容、竞技体育类内容、武术与武道类内容和舞蹈及韵律体操类内容的几大部分内容是大致相同的,其余还有一些实用性和野外性运动,如游泳、登山、野营、滑冰、滑雪等,这部分内容则多是根据各国情况和文化特点及气候条件所设立的构成本国民族传统特点的体育教学内容。

三、体育教学内容的组成与分类

(一)体育教学内容的分类及意义

体育教学内容的分类历来是一个令体育教学工作者颇费脑筋的事情。因为体育活动来源于多种不同目的的活动,具有诸如健身、娱乐、培养技能、进行思想品德教育等多种功能,对人的身心有着不同的作用和影响,它在教育中可以为多种教育目标服务,也根据从事的活动形式可以分成多种类型,不同的运动还有其不同的乐趣特征和魅力,因此,体育教学内容可以根据“功能”“目标”“作用”“形式”“乐趣特征”等多种分类方式来进行分类。

在现实中，对体育教学内容的分类方法虽然也是多样的，但基本上是“以运动项目分类”“以体育教学内容的内在功能”进行分类和“综合分类”三种分类方法为主的，而前两种不同的分类方法又各有特点，对体育教学内容的编制及“教材化”影响较大，下面试逐一进行分析。

1.以运动项目分类

这是一种最常见的分类方法，它是按照运动比赛的名称和内容进行内容分类的。如篮球、足球、田径、体操、武术、游泳等，这种分类的优点是它与社会上进行的体育运动相一致，在名称和内容上容易理解。但是缺点也比较多，有以下几点。

(1)这种分类方法容易否定一些中间性的项目和一些没有正式比赛或比赛还不规范的体育项目，如手垒球、篮球等。

(2)由于运动项目是以比赛和赢得胜利为目的的，因此，正式比赛的项目在规则要求上、技能细节上、小项目设置上有高水平的特点，因此往往不符合教育的实际条件，如田径中的链球、铁饼、3000 米障碍、400 米跑的项目设置，如正规篮球、排球中的高器材等，都不适合作为青少年的体育教学内容。因此需要做大幅度的改造，而改造后的内容就会是一种似是而非的东西，就会与原名称产生较大的差异。

(3)以运动项目为名称来进行分类对于“教材化”有一定的影响，如蹲距式起跑是田径运动跑项目的最基础技术，而作为体育教学内容，发展跑的能力是目的，而蹲踞式起跑快慢则是次要的。但是，如果将跑改为各种姿势的起动，各种方向、各种形式的起跑，就必然与人们印象中的“田径”产生很大的差距，就会使受教育者感到因没有学习“田径”而疑惑。

2.以体育教学内容的内在功能进行分类

由于体育运动都具有健身、掌握运动技能、娱乐身心及培养道德品质等几个方面的作用。体育运动也可以体育运动的这些基本功能进行分类，而现在比较常见和比较成熟的有“以健身功能分类”“以身体基本活动能力分类”“以运动乐趣分类”三种分类方法。

(1)以健身功能进行分类的方法。由于不同运动的形式、运动量特点都有很大不同，因此用运动对人体的促进作用(健身性)来进行分类也是可行的，或者说是按身体素质的形成来进行分类的方法。这种分类的特点：它在发展学生身体方面分类明确，有利于完成锻炼学生的任务和帮助学生认识各运动项目与身体发展之间的关系。缺点是这种分类不是很明确，因为有些项目不是单纯以一种身体发展的形式表现的，比较多的是综合型的；而且这种分类容易忽略对体育教育内容的文化特性的认识。

（2）以形成身体基本活动能力功能进行分类的方法。这也是在实践中可以见到的一种分类方式，它是以人的走、跑、跳、投、攀、爬、钻、涉水等动作技能来划分体育教学内容的。这种分类方法的优点是有利于发展学生的各种动作和活动能力，不受成型的运动项目的限制；有利于组合教材，特别适合对低年级阶段的教学内容进行分类。目前英、美在小学低年级实施的“动作教育”就是主要以这种分类来进行的。这种分类方法的缺点与前面的项目分类相反，是由于与运动项目脱节，所以，不利于对某一运动项目技能的培养，不易满足年级较高的学生对竞技体育的追求，使其缺乏运动的动机。

（3）以娱乐性进行分类。因为体育运动的大部分是从娱乐项目中发展起来的，因此可依据娱乐性来进行比较妥当的分类，这种分类的特点是有利于把握运动中的乐趣特点，有利于根据这些特点（也是学生心理的追求）进行教材化，使学生愉快地进行学习，并有效地把握娱乐的方法，使学生领会运动的特点。这种分类方法已在日本的快乐体育中得到实施。

（二）我国现行体育教学内容的组成

1. 我国的体育课程和体育教学内容

我国的教育在党的培养德、智、体全面发展人才的方针指引下，历来非常重视体育课程和学校体育工作，这使得我国的体育教学内容的体系不断得到完善，初步形成了一个具有中国特色的，在一定程度上也具有社会主义体育教学特点的体育教学内容体系。经过新中国成立近五十年来的理论和实践的探索，这个教育内容体系既具有了明确的目标表述，又形成了相对固定的内容和比重，并在此基础上形成了相应的选课制度。这个教育内容体系以培养和造就出一代合格的现代化建设人才为目标，正随着新时期的教育改革和发展，全面地进行着由应试教育向素质教育的转轨。

体育课程是学校课程中重要的组成部分，但体育课程又有其不同于其他学科的特点，其在教育中的作用也具有特定的功能。体育首先也是通过传授体育知识技术和保健知识，使学生加深对体育运动文化和健康意义的理解，并为其未来的工作和生活做贡献；还要通过以身体活动为主的教学，锻炼学生身体，用积极的手段去维护和增进学生的健康，保证学生的身心健康发展；并要运用在体育运动和体育学科学习过程中的可创造性、可选择性和人际关系的多样性的特点，培养学生的竞争、协同精神和对学生思想品德、行为规范的教育。高中学生已经开始比较趋向自主和独立，是个性发展的最佳时期，因此还应通过剖析体育运动的原理及相关的社会现象和问题等手段，培养学生分析问题的能力，为其正确的价值观和个性的形成做贡献。

由于体育学科要完成上述教育的任务，又由于体育教学内容具有多功能、多指向、多手段和“非阶梯性”等特点，因此，体育教学内容必须紧紧扣住体育课程的总体培养目标，从各种视角去分析各项教材的意义和提出对教材的明确要求。

2. 我国各项体育教材的目标与要求

(1)基本教材

①体育、保健基本原理和知识。这部分内容是为通过体育基础原理和知识的传授使学生更深刻地理解体育对人类社会、对国家、对自己未来生活和工作的重要意义，使其能更理性、更自觉地去锻炼身体，更科学、更合理地从事各项体育运动的实践，通过保健与卫生知识的传授使学生认识到健康的重要性和维护身体健康所必要的环境、条件，懂得一些基础的保健手段与方法，从而更自觉地爱护环境、维护健康，形成正确的卫生保健意识和态度。

这部分教材应着眼于当前的社会问题，密切联系学生现在生活中的实际，精选针对学生实际有重要意义的体育、保健原理来组织教材内容，切忌支离破碎地罗列知识，并注意考虑结合运动实践部分的内容来组织教材，内容应具有现实性、实用性、科学性和启迪性。

②田径。包括跑、跳、投等内容。应通过此项教材内容使学生了解田径竞技运动的概貌，理解田径在体育运动和锻炼身体中的意义和作用，使学生明白跑、跳、投的基本原理和特征，掌握一些基础性、实用性较强的田径运动技能，并知晓用田径项目来发展体能的方法及注意事项，掌握一些基础的田径裁判和组织比赛的常识和技能。

田径教材既与田径运动技能有直接联系，又与人的走、跑、跳、投等基本活动能力有内在关系，同时还与人克服障碍、进行竞争的心理要求有内在联系。因此，不应单从竞技项目去划分、去分析田径教材，应从文化、竞技特点、运动特点、心理体验特点及发展体能作用等多方面去全面地理解、分析教材，并组织教学。这样才能使学生既能掌握田径的一些基本知识技能，又能灵活地把这些技能运用于竞赛、健身、娱乐等各种运动实践。

③体操。包括技巧、支撑跳跃、单杠和双杠等。通过此项教材，应使学生了解竞技体操运动文化的概貌，了解体操运动对人体的锻炼价值和作用，明白基本的体操原理和特征，掌握一些典型的、实用性较强的体操技能，并学会用体操的动作来进行身体锻炼和娱乐、竞赛的方法及其注意事项，能运用保护与帮助的手法去安全地从事体操运动，并能够掌握一些基础的体操裁判组织比赛的常识和技能。

体操运动既是体育运动文化中的重要内容，又是一项有悠久历史的，对发展人的灵活性、协调性、力量、平衡等身体素质很有效的运动，体育运动还与人克服各种外界物体的心理欲求有联系。因此，在分析体操教材时要从竞技、心理、生理等视角去全面地进行，特别要提出的是，体操的学习要有一定的层次性，如果总是停留在低水平上的重复，就会在很大程度上失去体操教材的意义。因此，应循序渐进地通过加大动作难度、加大运动幅度，改变动作套路等方式提高教学难度，使学生的技能得以切实地提高，同时体操教材还要考虑全面性和规范性等要求。

④球类运动。包括足球，篮球、乒乓球、羽毛球、橄榄球、网球等多种球类项目。球类运动是竞争性、趣味性很强的运动，也是大中学生喜爱的运动项目。应通过此项教材使学生理解球类运动的概貌和球类比赛的共性特征，较好地掌握一至二项球类项目基本技术和运用战术的技能，具有能够参加球类比赛，并掌握裁判和组织比赛的知识和技能。

球类教材中的技术、战术内容较复杂，且相互依存、互相制约，因此筛选教材比较困难。如果只进行单个技术教学，不与比赛联系起来，就会失去球类运动的基本特性，也会使学生失去兴趣，最终也不能使单个技术得到运用和提高，因此，应注意把技术教学、战术教学与教学比赛结合起来。教材分析和选择时要注意顺序性、实战性、技术之间的联系性等。

⑤健美运动。包括民间舞蹈、健美操、体育舞蹈、韵律操、艺术体操等内容。此教材的共同特征是将舞蹈表现与运动相结合，并伴随音乐等旋律和节奏进行的运动。应通过本教材使学生了解各项内容的基本特征，了解从事这项运动的一些基本原则和规律，掌握一些基本的健美运动的技能和一些实用的套路，并培养学生能够自编一些简单的动作和套路，注意通过此类教材，改善学生的体态，培养节奏感和身体表现能力。

此类教材既是一项表现运动，又是一项锻炼身体效果较好的运动。教材还与乐理、舞蹈原理、审美等内容相关。因此，组织教材应从审美观培养、舞蹈音乐理论介绍，从感情表达能力培养和健身效果等多方面来考虑。以往这部教材考虑动作教学的因素多，而教一些基本原则并让学生尝试自编的要求较弱，应予以考虑加强。

⑥民族传统体育。包括武术、导引、气功及各民族传统体育内容。武术是我国优秀的传统健身体育运动，锻炼身体效果很好，也受到高中学生的喜爱。民族传统体育的选用既有利于因地制宜进行体育教学，又有利于弘扬民族传统体育文化。要通过此项教材使学生对我国的优秀丰富的民族传统体育情况有所了解，并懂得用其来健身、自卫的方法。还要使学生在学习技能的同时理解中国的“武德”精神，讲究武术中的礼貌举止，并与爱国精神、民族自尊心的培养结合起来，教会学生基本功和一些主要的动作，并使其明白动作的含义。选用各地民族传统体育项目，也应使学生对基本的概貌有所了解，并学会其中一些基础的、实用的运动技能。

传授这部分教材应根据大学生的心理特点，强调教材的文化性、实用性和范例性，特别加强对这些教材文化背景和意义的介绍，武术教学过程比较需要时间，要注意其教学的实效性。

(2)任选教材

这部分内容是为了适应各地不同教学条件和丰富高中体育教学内容而设置的，通过这一部分教材应使学生掌握一些与本地区文化背景有关，有地方特色的和地区社会所需要的体育知识与技能，通过比较多样的体育教材使学生对体育的多种需求得到一定程度的满足，也使其体育能力得到更全面的拓展。

这部分内容的选用要求符合选用教材的基本要求，注意具有效性、文化性、实用性。这部分教材的教学要有明确的要求和标准，以使其达到最佳的组合和效果。随着我国教育课程的改革，近年来体育教学内容已经分化成两类课程内容，即学科类课程体育和活动类课程体育，关于活动类课程体育内容原国家教委有原则性的规定，其精神大致如下。

①基本教材。这部分教材担负着完成活动类课程体育目标中锻炼身体的任务，因此，应通过这部分教材有效地锻炼学生的身体，发展其各项身体素质和体能，并通过实践让学生掌握一些锻炼身体的基本原理和方法。

这部分内容的选用应根据高中学生的体质状况和实施体育锻炼的基本规律来进行。要求具有锻炼的全面性、针对性、实效性、科学性和多样性，教材的选用还可与《国家体育锻炼标准》的达标内容相结合。

这部分教材是用来巩固在学科课程体育基本教材中所学的知识和技术，并将其运用于运动实践，以逐渐形成学生参加体育活动的能力。应允许学生在从事这类活动中进行创造性的学习，串联、发展和应用所学的技术，把所学的技术进一步拓展。在这一过程中要培养学生创造精神。

这部分教材的选用，应与学科课程和体育的教材紧密相连，注重其内容的延伸、拓展和运用。

②任选教材。包括娱乐体育活动、乡土教材及各地竞赛活动。此项教材同学科教材中的“任选教材”一样，是为了适应地区间不同的教学条件，更好地因地制宜，进行丰富多彩的体育活动，以满足学生的多种需要的而设立的。所不同的是，这部分教材还担负着用多种活动全面地锻炼学生身体，在多种教材中让学生更广泛地接触体育文化，并在其中陶冶娱乐身心的任务。通过这类教材还要设立出比较接近于社会活动，人际关系更为直接密切的环境，使学生的社会性及品行意志得到锻炼和发展。

这部分内容选择范围较大，教材选择时要注意符合选择教材的原则，还要有一定的全面性。防止松散偏颇，多采用一些综合性教材，如组织比赛、组织野外活动等。

第二节　体育教学内容的特性

一、教育性

体育教学内容是教育内容的有机组成部分，是教育思想得以贯彻的重要载体，对于青少年的成长有着重要作用，因此体育教学内容具有教育性。体育教学内容的教育性主要体现在：能促进学生身心健康成长，形成良好的个性心理品质和积极乐观的生活态度，提高其社会适应能力，使其成为具有较高科学文化素养、爱国主义精神、优良品德和进取精神的社会主义建设者。

二、科学性

由于体育教学内容是在学校进行的有目的、有计划、系统的教学内容，因此，体育教学内容也必须同其他教育内容一样，具有很强的科学性。体育教学内容的科学性主要体现在以下三个方面：①内容本身具有很丰富的内涵，是人类文化和科学的结晶，如身体科学原理、锻炼科学原理、训练科学原理及相关的社会科学原理等;②在筛选体育教学内容时,人们会有意识地把那些科学和文化含量高的内容优先选择到教学内容中来;③在进行内容的编制和教学时,必须要遵循有关教学内容编制和教学的科学规律与原则。

三、运动实践性

体育教学内容与其他教学内容的最大差异在于,体育教学内容主要由体育运动项目和身体练习构成,与身体运动的实践紧密相关。有学者指出,体育教学内容"是以有关身体运动的学习和身体运动的技能形成为主要培养目标的内容;是以运动为媒介,以大肌肉群的活动状态进行教育的内容"。体育教学内容的学习不仅是通过学生的思维活动解决学生知与不知、懂与不懂的问题,而且是通过学生实际从事的运动学习与身体练习及通过运动中的肌肉本体感觉的形成与动作的记忆,解决学生会与不会的问题,它的思维和行为是紧密相连的。因此,体育教学内容的学习特别强调"从做中学""从练中学"。

四、人际交往的开放性

体育教学内容大多是以集体活动的形式来进行的运动的学习和竞赛,而运动是以时空的变动方式来进行的。在对运动的学习、练习和比赛中,人的交往和交流又是极其频繁的,因此,体育教学内容与其他教育内容相比具有更明显的人际交往的开放性。体育教学内容以这种人际交流的开放性为基础,构成对集体精神、竞争精神协同培养的独特功能,使得体育教育内容的学习过程中的师生、生生之间的关系更加密切、开放;一些以小组进行的内容使得组内的各种分工明确。体育学习中的各种角色变化远远多于其他学科,所以体育课能有效地培养学生的社会适应能力。

五、系统性

体育教学内容的系统性表现在如下两个方面:①体育教学内容本身必须有它的系统性,虽然这个系统性由于体育运动的特点,不同于其他教育内容的系统性,但体育运动内在的规律使内容和内容之间、项目与项目之间、技术与技术之间有着某种相关的联系和制约因素,形成体育教学内容的内在结构,而这一内在结构是我们编制体育教学内容的依据;②我们必须根据教育的目标、学生不同年龄阶段的生长发育特点、教学环境和教学条件等方面的因素不断认识体育教学内容的内在规律性，系统地、逻辑地安排各个学校、各个年级的教学内容，并处理好它们之间的相互关系。

六、健身性

从广义体育的角度来看，体育就是增强体能、增进健康的教育。体育教学内容的学习过程实际上是学生学习一定的体育知识和技能，并从事身体练习的过程。学生在进行身体练习的过程中，必须也必然要承受一定的运动负荷。体育教学主要是通过合理安排身体练习的运动负荷量与强度，并适时地加以调控，来达到增强学生体质、增进学生健康的目的。体育教学内容所起到的增强体质、增进健康的作用是其他任何一门课程的教学内容所无法具有和取而代之的。

七、非逻辑性

体育教学内容与一般学科教学内容有所不同。体育教学内容没有一般学科教学内容之间比较清晰的由易到难、由简到繁的阶梯性结构，没有明显的从基础到高级的逻辑结构体系，其内容的排列不是直线递进式的，而是复合螺旋式的。体育教学内容主要是由众多的相互平行的、可以替代的运动项目和身体练习组成的，并且包含了丰富的体育与健康的理论知识。这增强了体育教学内容选择的灵活性。

八、娱乐性

体育教学内容大部分来自体育运动项目，而体育运动项目大多是从各种各样的运动性、竞技性游戏中发展演变而来的。运动性游戏自然具有趣味性、娱乐性的特点，因而体育教学内容也具有一定的趣味性与娱乐性。体育教学内容的学习主要是在运动学习与运动比赛的过程中完成的，这些运动的乐趣体现在运动学习和运动竞赛过程中的竞争、协同、克服、表现等心理过程中，体现在受教育者对新的运动的体验和对学习进步的成就感中；体现在运动的环境、场地、比赛规则、比赛形式等的变化和加工方面。当受教育者在接受体育教学内容时，必然存在对这些运动乐趣的追求动机，在追求的过程中，学生会获得竞争与合作、成功与失败的体验，给人的情感以深刻而丰富的陶冶，从而愉悦身心。

九、空间的约定性

体育教学内容还有一个“空间约定性”的特点。这是因为有很多运动是在固定的场地上进行的，甚至是以场地来命名的，如“田径”“沙滩排球”“郊游”等。换句话说，如果这些内容离开了特定空间的制约，其内容就会发生质的变化，甚至内容本身就不存在了。由于体育教学内容的空间制约性，使体育教学内容对场地器材具有很大的依赖性，也使场地、器材、规则本身成为体育教学内容的重要组成部分。

第三节　体育教学内容的选择

体育教学内容作为体育教学中的一个重要因素，它影响着整个体育教学活动过程。体育教学内容又是联结教师与学生的纽带，是师生进行信息交流的载体。体育教学内容往往制约体育教学方法和教学手段，也是直接关系到体育教学目标和课程目标实现的关键要素。过去的体育教学大纲中有明确的教学内容的安排，现在只给出了体育课程标准，因此，在教学中必须对具体教学内容进行选择和组织。

一、体育教学内容选择的依据

（一）体育课程目标

体育课程内容是实现体育课程目标的手段，而不是目的。体育课程目标的多元性及体育运动项目和身体练习的可替代性，增加了体育课程内容选择与组织的多样性。因此，在选择体育课程内容时就应该依据一定的标准。体育课程目标是选择组织课程内容的主要依据，这是因为体育课程目标作为体育课程编制各个阶段内容的先导和方向，作为对学习者的理想期望，是专家、学者、教师等经过周密的思考，认真研究了社会、学科、学生等不同方面的特点与需求的结晶。体育教学内容的选择必须依照目标，即有什么体育课程目标，便有什么体育教学内容。

（二）学生的需要及身心发展规律

在体育教学内容选择时应该考虑学生的需要。体育教学的目的是要促进学生的身心健康发展，因此在选择体育教学内容时，要充分考虑学生的体育需要和兴趣，这对于有效的学习是非常重要的。学习是一个主动的过程，这个过程需要学习者自身积极的努力。一般来说，当学习者遇到感兴趣的事情，学习者就会主动参与其中，从而有效地学习。正如教育学家杜威所说，当学习是被迫的而不是从学习者真正的兴趣出发时，这种学习相对来讲是无效的。据目前的许多调查结果表明，现在大多数的学生喜欢课外体育活动，却不喜欢上体育课，其中一个重要的原因就是对教学内容不感兴趣。

学生的身心发展规律与特点决定了其对教学内容的接受程度，体育教学内容必须是学生经过努力可能接受的。因此在体育教学内容的选择过程中，就需要根据学生的特点确定教学内容的深度、广度和难度。那种儿童中心论的观点是不可取的，但也决不能忽略教学对象的实际情况。

（三）社会发展的需要

学生个体的发展总是与社会的发展交织在一起。体育教学是为学生的未来健康打基础的，因此，在选择体育教学内容时，就必须考虑现实社会与未来社会的需求。体育内容的选择不可忽视未来公民适应社会发展所必需的体育素质，因此，体育教学内容要满足学生在身体、心理和社会适应能力等方面发展的需要。另外体育教学内容只有与社会生活、学生生活紧密联系，才能真正成为趣之所在、志之所在，才能实现它的功能，所以课程内容的选择必须要回归现实生活。

（四）体育教学素材的特性

1. 逻辑关系不强

逻辑关系不强使我们在安排教学内容时无法完全按难易程度和学生的准备条件来排列素材的顺序。体育教学内容的划分通常只是以运动项目来进行，划分后的教材之间又都是平行和并列的关系，如篮球和排球、体操和武术。我们无法分清这些教材应谁先谁后，谁是基础谁是提高。我们也无法从学科内容本身找到其内在规定性和顺序性。

2. 存在“一项多能”和“多项一能”

“一项多能”是说一个运动项目可以达到许多体育目的，也就是经常说的“目标多指向性”，如有人用健美操锻炼身体，有人用健美操进行娱乐，也有人用健美操来表演。其实很多时候做健美操把几个功能都同时实现了，一个人掌握了一项运动就可以为自己的多种目的服务。“多项一能”是指体育内容的相互替代性。想练投掷，投手榴弹可以，投小垒球也可以，推实心球可以，推铅球也行；想与同伴一起娱乐，踢足球可以，打排球也可以，玩篮球可以，棒球也没问题。一个人不必拘泥在某一个项目上，进行不同项目也可以达到一种目的。这个特性使得体育教学内容中没有什么非学不可和无法替代的运动，也就是说体育教学内容没有很强的规定性。

3. 数量极大，内容很庞杂，而且很难归类

人类几千年来创造出的体育运动项目多得让人无法数得清，而且它们多姿多彩，各个运动技能对身体素质的要求也多种多样。这就是体育教师难以精通全部体育项目的原因，也是体育师资培养提出“一专多能”要求的缘故；是体育课程家难以找出最权威的运动项目组合，难以编出适合一切地区和教学条件的教材的缘由所在。

4. 每个运动都有各自独特的乐趣

如篮球和足球的乐趣是在激烈的直接对抗中运用自己的技术和队友之间的配合将球攻入对方的篮(门)中；隔网类运动在于双方队员在各自的场地中进行巧妙的配合，通过多次网上往返和争夺后，对方无法将球击回而取胜；体操运动则在于控制自己的身体达到一种难以完成的非正常体位，以体验其中的乐趣；目标类运动(保龄球、飞标、高尔夫球、台球等)的乐趣在于通过长时间锻炼达到操作的稳定性，并在实践中用精确结果来验证自己的预想能力，并从中获得快感和自信；户外型运动的乐趣在于获得征服自然后的超越感及在不同的环境中检验自己的能力。体育运动的这个特性使我们在体育教学中无法忽略运动的乐趣，这也是为什么会有“快乐体育”的理论和实践存在，并能在很大程度上指导体育教学改革的原因所在。

二、体育教学内容选择的原则

(一)教育性原则

我们在面对体育素材的时候，首先应从教育的基本观点去审视它们，看它们

是否符合教育性原则，与国家、社会的价值观念是否冲突；看它是否对学生的身心发展有利，包括是否有利于学生的身体锻炼。体育课程内容的选择应该紧扣体育课程的主要目标，把“健康第一”的指导思想作为确定体育课程内容的基本出发点，同时重视教学内容的体育文化含量，以增进学生的体育文化修养。学校体育应以培养学生在品德、智力、体质等方面的全面发展为目标，坚持理论和实际相结合的原则，既要讲述人体科学知识，又要取得锻炼身体的实际效果，还要使学生增进体育文化修养，受到思想品德教育，促进身心双方面的健康发展。体育教学内容的选择要符合不同学段学生的身心发展的特点和规律，充分考虑学生的个体差异与不同需求，确保每一位学生受益。体育教学内容的选择还要符合不同地区、不同学校的实际，确保较大的选择空间和灵活性。

（二）科学性原则

选择教学内容要注意健身性和兴趣性，但这并不意味着未来的体育课程就不关注教学内容的科学性。这里讲的科学性有三层含义：一是教学内容为增进学生的身心健康服务。有些内容有利于学生身体健康，但不一定有利于学生的心理健康，反之亦然。教学内容要努力使学生在愉快的活动中促进身体的发展。二是教学内容要有助于培养学生的身体锻炼能力，使学生体验科学锻炼的乐趣，从而增强学生锻炼的自觉性和积极性。三是教学内容本身的科学性。由于今后国家对教学内容的选择不作具体的规定，要注意防止一些不科学的活动内容进入体育课堂。

（三）实效性原则

未来的体育课程是一门以身体活动为主要手段、以增进学生健康为主要目的的课程。可以这样认为，一切对学生健康有利的教学内容都可以被纳入选择的范围之内，这可使未来体育教学内容更加丰富多彩。

所谓实效性，就是某一活动是否实用、是否简便易行、是否有助于学生的身心健康。在选择体育课程内容时一定要注意既要选择与学生自身的体育学习兴趣和经验相接近的，又要选择大众喜欢的、社会上比较普及的，并有很好的健身娱乐效果的运动项目，为终身体育奠定基础。

（四）趣味性原则

兴趣是最好的老师，在选择体育教学内容时，一定要根据学生的年龄和性别特点，在科学性和可行性的基础上选择那些学生感兴趣的、娱乐性比较强的体育素材。毋庸置疑，许多竞技运动项目具有健身价值和教育价值，但是由于我们长期以来只是关注竞技运动项目教学的系统性和完整性，并把培养运动员的教学方法带进了体育课堂，结果使许多学生对体育课的教学内容失去兴趣。

（五）民族性与世界性相结合的原则

体育课程内容的选择既要汲取我国民族传统体育素材中的精华，又要借鉴和吸收国外体育课程内容设置的经验和合理内核；既要打破故步自封的局限性，又要防止崇洋媚外和囫囵吞枣的做法。体育课程内容的选择还应做到与时俱进，体现时代性、发展性、民族性和中国特色。

（六）健身性与文化性相结合的原则

体育教学内容健身性具有区别于其他教学内容的显著特点，健身性是体育教学的本质属性的反映。在体育教学内容的选择时，要以促进学生健康为出发点，内容的组织和编排都要有利于全方位地促进学生的健康。在教学中，应根据学生的需要，选择能够增进学生健康的内容。体育教学内容的文化性就是体育教学内容要有利于提高学生对体育的认识，促进体育情结的培养，树立体育的价值观和体育理想，使之受到良好的体育道德的熏陶。而健身性与文化性相结合，便可以使体育教学内容既具有良好的健身价值，又具有丰富的体育文化内涵。

（七）理论与实践相结合的原则

体育教学内容主要是以实践内容为主，学生必须反复参加体育活动，才能掌握体育的知识、技能和提高身体素质。但体育教学内容是十分丰富的，除了实践的内容外，还包含科学健身的知识、心理健康知识、身体健康与卫生保健知识及与体育文化素养有关的知识。因此，在选择体育教学内容时要注意理论与实践相结合，以实践为主，理论为辅。

（八）统一性与灵活性相结合的原则

第一，我国幅员辽阔，各地区自然地理和气候条件差异较大，经济、文化和教育发展不平衡，体育教学的相关基础、起点也不同。第二，学生的身心发展水平有差异，体育基础、接受能力也不相同，即使是同一个教学阶段的学生，都会表现出明显的不同特点。因此,要从中国的国情出发,使体育教学内容切实可行,既要有统一性,又要有较大的灵活性。

三、体育课程内容的取向

在教育理论界,自课程作为一个独立研究领域以来,对课程内容的选择基本是以三个不同的取向为依据:课程内容即教材;课程内容即学习活动;课程内容即学习经验。

(一)课程内容即教材

课程内容在传统上历来被作为要学生习得的知识来对待的,这些知识采取事实、原理、体系等形式。重点是向学生传递知识,知识的依据就是教材,这样的理解就是课程内容即上课所用的教材。

教材就是课程内容,这有利于考虑到体育知识的系统性,使教学主体明确教学内容,从而使教学实践有据可依。然而,对学生来说,教材就是课程内容,课程内容就是事先规定好了的东西,学习就是由外部力量规定他们必须要接受的东西,而不是自己感兴趣的东西。这可能就是学生越来越不喜欢上体育课的原因之一。

(二)课程内容即学习活动

科技在进步,社会在发展,但我们的教材远没能跟上其发展的速度,我们现在使用的很多教材,大部分是多年前编写的,这加深了教育的滞后性。在这样的状况下,一些课程研究工作者做出了相应的反应。博比特通过对成年人活动的研究,分析各种社会的需要,把需要转化成课程目标,再进一步把目标转化为学生的学习活动。英国教育家怀特海德曾说过:"教育只有一种教材,那就是生活的一切方面。"我国教育家陈鹤琴也说过:"做中学,做中教,做中求进步","大自然,大社会都是活教材",也反映了这样的取向。

以活动为取向的课程,注意的是与社会生活的联系,强调了学生在学习中的主动性,让学生积极地参与各种活动。在体育课程中,有利于学生学习实践课程的内容。但是,这种活动取向,往往只注重学生外显的活动,而无法看到学生如何同化课程内容,无法了解学生知识掌握的具体情况,这不利于学生建立完善的体育知识结构。

(三)课程内容即学习经验

课程内容即学习经验,这种取向强调的重点是,学习的质和量是由学生而不是教材决定的。学生的学习是主动参与的,其原因就是环境中的某些特征吸引了他。在这种取向的要求下,教师的主要工作就是构建适合学生能力与兴趣的各种环境,以便为学生提供学习经验。在这种取向下,有利于培养其"终身体育"意识。但是,在课程内容即学习经验的取向中,学生认知结构的情感特征对课程内容就起到支配的作用,内容受学生的兴趣支配,对学生而言,知识是"学"会的,而不是教师"教"会的,这其中也有不利于学生的全面发展的因素。上述课程内容的三种取向,各有优缺点,我们选择体育课程内容时,如果坚持一种取向,而与其他的取向对立,这是不可取的。因此,选择课程内容时要考虑如何处理好这三种取向的关系。

四、创编体育教学内容的形式

(一)利用动作教育模式创编体育教学内容

动作教育是出现在欧美的一种体育教育思想和体育教材方法论。其特点是按照人体的运动原理将一些竞技体育运动加以归类,要针对少年特点进行教材设计,比如教育性舞蹈、体操等教材适用于小学低中年级,有利于学生基本活动能力的形成。动作教育还可以通过游戏活动、康复训练等多种形式渗透到日常生活中。动作教育不仅要重视身体机能的养成,同时还要重视身心的协调发展与障碍的康复。在动作教育中的游戏,是角色性、竞争性很强的游戏。在游戏中按照动作教育(游戏)规则,凡参与者一般都要扮演不同的角色,处理不同的人际关系,体验社会互动和游戏结果所提供的价值,并以此对自我和他人在游戏中的行为做出评价。

(二)通过游戏化来创编体育教学内容

这种游戏化多用于改造那些比较枯燥的单一的运动,如跑、跳、投、体操、游泳等运动,其特点是将这些单调的运动用"情节"串联成游戏,并强化协同和竞争的要素,这种创编形式有利于提高参加者的兴趣,而练习的性质也没有太大的改变,但可以增强练习效果。如用游戏手段对跳高教学内容进行创编,可运用以下手段：①连续跳跃障碍物接力；②兔跳接力；③跳绳跑接力；④跳五边形橡皮筋追逐跑；⑤跳起触摸一定高度的橡皮筋；⑥跳不同高度的橡皮筋接力赛。

（三）结合体育原理和知识创编体育教学内容

结合体育原理和知识来创编体育教学内容，其特点是挖掘运动"背后"的原理和知识，并将其"编织"在探究式的体育教学过程中，往往与发现式、启发式的教学方法联系起来运用。例如，在体育课上教师组织学生举行拔河比赛，在教授学生拔河技巧、分析胜败原因时可以通过物理学中的牛顿第三定律来讲解。通过拔河两队的受力比较可以让学生了解到，只要所受的拉力小于地面的最大静摩擦力，就不会被拉过去。因此，增大与地面的摩擦力就成了胜负的关键。要增大与地面的摩擦力，可以让队员穿上鞋底有凹凸花纹的鞋子。这种创编的优点是有利于提高学生对运动原理的理解，获得举一反三的教学效果。

（四）融入体育文化，创编体育教学内容

融入体育文化创编体育教学内容是从竞技运动中提取各种文化要素，并在教学中让学生来体验运动文化的情调和氛围。如以中国传统体育文化为主题让学生了解传统体育文化中的修身养性基本理论，为自我养身、健身、强身服务，同时加强对中国传统体育文化中舞龙、舞狮、气功、武术等内容的理解，指导学生阅读中英文体育文学作品、欣赏竞技运动比赛，结合学生的兴趣爱好提供获取体育文化知识的渠道，提高体育素养和审美能力，让学生欣赏"米隆"的"掷铁饼者"之雕像，感受"米隆"手拿铁饼做欲掷状，那是对无穷伟力的崇高向往、对更高目标的完美追求，更是力量之美和智慧之美的原始结合。这种形式有利于学生对体育文化的体验和理解，适用于高中和大学的学生。

（五）采用生活化、实用化等形式，创编体育教学内容

这种创编可以通过以下几种形式体现出来，野外化（把室内或正规场地进行的竞技运动改造为野外的非正规场地可以开展的项目）、冒险运动化（增加一定的惊险性）、实用化（与实用技能相结合）、生活化（根据生活的条件进行项目改造）等，这种创编的特点是能够贴近学生的现实生活和实际需要，既能传授比较实用的运动技能，又能调动学生的直接学习动机，也增加了教材的趣味性。例如，开展健美操、现代舞、街舞、韵律操等新兴运动项目的学习，激发学生的参与热情和运

动兴趣，使体育与健康课程尽可能向学生的生活、社会和大自然方向延伸。在创编内容时，不能盲目地求新鲜、赶时髦，要根据学校的条件、教师的能力和学生的喜好，适量选择新兴运动项目。

（六）改造运动项目，创编体育教学内容

主要从基本结构方面对原运动项目进行改造，使其成为一种新的运动方式。这种改造主要是为了适应教学的需要和学生的特点，简化竞技结构，减小运动难度，调整场地器械规格，修改竞技竞赛规则，使其能适应广大学生的实际，使其既能达到增强体能、增进健康的效果，又能减轻学生运动时的生理负荷量。要根据体育课程目标的具体要求，遵循体育规律和健身原理，在充分研究、分析竞技运动项目的可健身性、教师的可操作性和学生可接受性的基础上，采用走、跑、跳跃和投掷等基本活动形式，从运动的方向、路线、距离、顺序、节奏、难度、负荷、场地、器材、规则、参加人数等诸多方面，对竞技项目进行改造、加工、延伸和拓展，并进行合理的排序、组合和创编，使其成为有价值的体育教材和体育手段。

（七）开发利用民族、民间传统体育内容，发展新兴体育运动项目

民族、民间体育项目也是重要的体育教学内容，它有着广泛的群众基础和深远的社会影响。如蒙古族的摔跤、藏族的歌舞、维吾尔族的舞蹈、朝鲜族的荡秋千、锡伯族的射箭、彝族的射弩、白族的跳山羊及踢毽子、滚铁环、抽陀螺等。对一些适合教学需要的内容可以直接引入运用，如踢毽子、抽陀螺、跳房子、滚铁环等；对一些基本适合教学需要的内容改编后再运用，如跳竹竿等。把这些教学内容引进课堂，不仅有利于民族体育文化的继承和发扬，而且可以培养学生的创新能力。

此外，还可以利用空饮料瓶、易拉罐、塑料袋、课桌凳、自行车废旧轮胎、旧报纸等易于收集的家庭生活用品来创编体育教学内容。如将空饮料瓶、装上水或沙子，可以做投掷物用，装上五颜六色的水可以做标志物用，用旧报纸可以做成纸棒、纸球、纸飞机等做投掷练习。利用这些简易、安全、实用的器材资源，一物多用，不仅可以丰富教学内容，而且可为教学目标的达成提供有力的保障。

（八）以运动处方形式创编体育教学内容

这是一种按照锻炼的原理，将运动的强度、重复次数、速率等因素加以组合排

列，根据学生不同的锻炼需要进行锻炼和教学的创编形式。这种形式有利于教会学生运用运动处方锻炼身体，是一种不可缺少的体育教学内容创编形式。

第四节　体育教学内容的资源开发

随着我国基础教育课程改革力度的不断加大，课程资源的重要性日益显现出来。因为，它在一定程度上构成了课程改革的支持系统。课程资源的开发和利用，直接关系到新课程标准能否顺利实施，对保障课程改革的成功具有重要的现实意义。从另一个角度而言，开发利用各种课程资源本身就是课程改革的重要组成部分。因为课程与课程资源存在着十分密切的关系，课程资源的丰富性和适切性程度决定了课程目标的实现范围和实现水平。任何课程的实施过程实际上就是对一定课程资源的加工、分配和转换的过程。

一、体育课程资源的概念、特点与分类

（一）体育课程资源的概念

广义的课程资源是指，一切有利于实现课程目标的各种因素，包括素材性资源如知识、技能、经验、生活方式与方法、情感态度、价值观、培养目标等和条件性资源，如直接决定课程实施范围和水平的人力、物力、财力、时间、场地、器材、设备、环境等。课程资源实际上可以理解为围绕实现课程目标的各种内外因素和条件的总和。但是，从课程编制的角度而言，并不是所有的资源都是课程资源。只有那些真正进入课程、与教育教学活动联系起来的资源，就体育课程而言，体育课程资源是指有利于实现体育课程目标的各种内外因素和条件的总和。这其中既包括物力的，也包括人力的；既有校内的，也有校外的；既包括传统的教科书和图书资料，又包括现代的网络和科技成果等。

（二）体育课程资源的特征

1. 丰富多样性

在实际的教育教学过程中，可以开发利用的体育课程资源是多种多样的，它不仅仅是体育教材，也不仅仅局限于学校内部，体育课程资源涉及学生学习与生

活环境中所有有利于课程顺利实施、有利于达到课程标准和实现教育目的的各种因素，因而具有广泛多样的特点。

2. 价值潜在性

一切可能的体育课程资源都具有价值潜在性的特点。有相当一部分体育课程资源在体育课程设计之前就已经存在，具有转化为体育课程实施的可能性，但还不是现实的体育课程实施的现实条件。它们往往体现出一种潜在的价值，只有经过一定形式的开发、利用和转化，才能成为有利于体育课程实施的基本条件。

3. 具体性

体育课程资源有着具体性的特点，表现在：不同的地域，可开发利用的体育课程资源不同；不同的文化背景下，人们的价值观念、道德意识、风俗习惯、宗教信仰具有各自的独特性，相应的体育课程资源亦各具特色；学校的性质、规模、办学条件等的不同，其可以开发利用的体育课程资源也不尽相同；学生个体的家庭背景、身心发展水平和生活经历的不同，可供开发利用的体育课程资源必然也是千差万别的。

同样的体育课程资源，具有不同的用途、价值与功能，可以用于实现体育课程的不同目标。如学校附近的山峦，既可用于学生进行体育锻炼的场地，又可以用于对学生进行野外生存教育等。教师要注意并善于挖掘体育课程资源的多种利用价值，变一源为多用，使体育课程资源的潜在价值得以充分发挥。

（三）体育课程资源的分类

体育课程资源的内容极其丰富，既有来自于自然界的，又有来自社会的；既有显形的，又有隐形的；既有校内的，又有校外的；既有人力的，又有物力的。为了加深对体育课程资源的不同类型与存在范式的了解，提高对体育课程资源的认识，可以根据体育课程资源的功能、性质、存在范围、方式进行分类。

1. 根据空间分布

根据空间分布，体育课程资源可分为校内体育课程资源和校外体育课程资源。凡是在学校范围之内的体育课程资源，就是校内体育课程资源。它是实现课程目标，促进学生全面发展的最基本、最便利、最直接的资源，如学校师资结构、师资水平、学校体育场地、体育器材设施、校纪校风、校容校貌等校园人文环境等。

校外课程资源包括学生家庭、社区乃至整个社会中各种可用于体育教育教学活动的设施和条件及丰富的自然资源。如社区体育设施、体育人文环境、国内外体育活动和比赛信息、国家经济和人民群众对体育的需求、山川河流、沙漠高原自然环境等。校外体育课程资源可以弥补校内体育课程资源的不足，充分开发与利用校外课程资源能为我们转变教育教学方式，适应体育课程的改革与发展提供有力的支持和保证。

2.根据功能特点

根据功能特点，体育课程资源可分为素材性体育课程资源和条件性体育课程资源。素材性资源是指组成体育课程材料的基本来源，其特点是作用于体育课程，并且能够成为体育课程的素材和来源。如国家颁发的体育课程指导纲要、国家体育课程标准、体育教材、各种参考资料；体育管理人员的思想、情感、智慧和创意，体育科技、历史、文化艺术、各种媒体(电视、电影、网络)信息等。

条件性资源是指体育课程实施的基本条件要素。其特点是作用于课程，但不是形成课程本身的直接来源，不是学生学习和收获的对象，但它在很大程度上决定着课程实现的范围水平。如直接决定课程范围的体育教师、教练员、校医务人员、课程管理者等人力资源；体育场馆器材、设备等物力资源；学校教育经费投入、社会资助等财力资源；社会自然环境等。

在现实中，其实有些资源既包含着体育课程的素材，又包含着体育课程的条件，如人力资源、网络资源、环境资源等。

3.根据性质

根据性质，体育课程资源可分为自然课程资源和社会课程资源。自然课程资源具有“天然性”和“自发性”。我国幅员辽阔，山川秀美，物产丰盛，可以开发与利用的自然课程资源极为丰富。例如，可以充分利用空气、阳光、江、河、湖、海、沙滩、田野、森林、山地、草原、雪原、荒原等条件，开展野外生存生活方面的教学与训练，开发自然环境资源等。认识自然，融入自然，与自然界和谐共处，是学生素质养成的重要内容，也是整个课程编制过程应体现的一个基本理念。

社会课程资源带有“人工性”和“自觉性”的特点。人们可以开发与利用的社会体育课程资源同样也是多种多样的。如以家庭体育、社区体育、假日体育、民族传统体育等方式所开展的体育活动；为了保存和展示人类体育文明成果的公共设施如体育博物馆、体育展览馆；健身娱乐中心、体育运动中心、高水平运动训练基地与体育科研所等。

4. 根据存在方式

根据存在方式，课程资源还可分为显形课程资源和隐形课程资源。显形体育课程资源是指看得见摸得着，可以直接运用于教育教学活动的体育课程资源。如教材、计算机网络、自然和社会资源中的实物、活动等，它是实实在在的物质存在。显形课程资源可以直接成为教育教学的便捷手段或内容，相对易于开发与利用。

隐形体育课程资源指以潜在的方式对教育教学活动施加影响的课程资源，如校风、社会风气、家庭气氛、师生关系等。与显形课程资源不同，隐形课程资源的作用方式具有间接性和隐蔽性的特点，它们不能构成教育教学的直接内容，但是它们对教育教学活动的质量起着持久的潜移默化的影响。

二、开发利用体育课程资源的意义

（一）理论价值

1. 拓宽体育教学研究的领域，促进体育教学及体育文化的发展

体育教学内容资源开发对体育教学而言，是一个崭新的领域。对于它的研究，将大大加深人们对体育教学的理解，拓宽认识和研究体育教学的渠道和路径。同时，体育教学内容资源的开发，将极大地丰富和发展体育教学的内容体系，这在一定程度也丰富了体育文化的内容，对促进体育文化的传递、创新和发展具有十分重要的理论意义。

体育教学内容资源的开发，定将成为体育教学改革的突破口。这不仅表现在它将直接导致体育教学内容的变革，而且对体育教学的其他方面如体育教学类型、体育教学评价及体育教学实施中的教学方法与手段、教学组织形式等的变革，也将产生积极而深刻的影响，对体育教学的整体建设与发展有着重要作用。

2. 有利于促进学校体育与社会体育及竞技体育之间的联系

一直以来，在理论层面上，学校体育被认为是学校内部的体育活动。如今，人们逐步认识到学校体育不应该仅仅局限于校园内部，而应该逐渐与社会体育和竞技体育加强联系，并在联系中相互借鉴与发展。但是，如何才能在学校体育、社会

体育和竞技体育之间架起一座桥梁，一直是人们努力想解决的难题，而体育教学内容资源的开发，则为解决这个难题提供了新的思路和契机。

第一，体育教学内容资源的开发打破了学校的空间界限，使更多社会体育和竞技体育的手段和内容通过提炼、加工成为体育教学内容。学生通过这些内容的学习，不仅可以了解当今社会体育和竞技体育的最新发展动态，而且还能为他们以后参加社会体育和竞技体育的实践奠定一定的基础。

第二，体育教学内容资源的开发，必然要调动社会体育及竞技体育领域的一切可以利用的人力、物力、财力和信息，这在客观上加强了学校体育与社会体育和竞技体育之间的联系。

第三，体育教学内容资源的开发，可以使人们更新观念，促进学校体育与社会体育和竞技体育不同领域之间的相互理解，消弭隔阂，从而真正树立“大教育”和“大体育”的观念。

3. 有利于促进体育教学与其他学科课程及校园文化之间的融合

过去，体育学科与其他学科一样，处于一种自我封闭的发展状况，这不仅阻碍了体育学科的发展，而且也不利于学生身心的全面发展。体育教学内容资源的开发，是在学校内外、社会的大背景中进行的，因此必然会超越体育学科的界限，将学校内其他学科的资源及校园文化资源纳入自己的视野和范围。体育教学内容资源的开发，将最大限度地促进体育教学与健康教育、生活教育、生存教育、环境教育、国防教育及校园文化的相互融合与借鉴，使体育教学与各学科的交叉渗透、融会贯通自然而然地发生于课程实施的过程中，对学生的身心教育与影响将更为全面。

4. 为体育教学改革提供理论支撑

理论对实践具有重要的指导作用，体育教学改革必须有完整的理论做基础。当前我国体育教学改革呈现出一个畸形的特点，那就是实践先行，缺乏必要的理论支撑。迄今为止，关于体育教学方面较为成熟的理论专著几乎为零，出现了一个极不平衡的反差：一方面体育教学改革的实践如火如荼；另一方面相关的理论研究却显得极为贫乏，这势必会影响体育教学改革整体推进的质量与效果。

体育教学内容资源开发的相关成果，将从理论和实践上回答体育教学中遇到的一些新问题，使体育教学理论不断丰富和完善，在一定程度上将为体育教学改革奠定理论基础。

(二)实践价值

1.开发利用体育课程资源是体育课程实施的必要前提

体育课程与课程资源之间存在着非常密切的联系。没有体育课程资源就没有体育课程可言,没有体育课程资源的广泛支持,再完美的体育课程改革设想也很难转化为实际的教育成果。相反,有体育课程就一定有体育课程资源作为前提。但是它们毕竟不是一回事,体育课程资源的外延范围远远大于课程本身的外延范围。因为所有的体育课程资源只有根据课程目标、学校实际和学生身心发展等,经过教育学的加工并付诸实施才能成为体育课程。因此,体育课程的实施范围和水平,一方面取决于体育课程资源的丰富性;另一方面则在很大程度上取决于对体育课程资源的合理开发和利用。

2.开发利用体育课程资源可以提高教师的教学水平,促进教师的发展

体育教师不仅是重要的体育课程资源,而且也是开发利用体育课程资源的重要主体之一。开发利用各种体育课程资源,将全面带动体育教学手段、方法、组织形式等方面的变革。在此过程中,体育教师的教学水平将会得到进一步的提高,其教育观念、方法等也将不断适应现代社会和课程改革的要求,这对体育教师的专业发展具有重要意义。

3.开发利用体育课程资源可以提高学生的主体地位,促进学生的全面发展

学生是学习的主体,对体育课程资源的开发和利用也必须围绕着学生这个主体来进行。而且,按照现代课程的理念,学生同样是重要的体育课程资源,同样也是开发利用体育课程资源的主体。对体育课程资源的开发利用,不仅要让学生亲自参与,让他们的生活和经验进入体育课程,而且还要在这一过程中激发他们学习的兴趣,陶冶情操,不断提高他们探求新知的能力。这意味着学生的学习方式将发生根本性的转变,学生将由被动的知识接受者转变为知识的共建者。

三、体育课程内容资源开发的途径和方法

(一)对体育课程内容资源的开发与利用

体育课程内容资源是极为丰富的。可以说,人类所创造的一切体育文化形式

都可以作为体育课程内容的基本来源。体育课程内容资源与日常生活、竞技运动、民族民间传统体育、养生活动、社会体育、宗教祭祖、军事及医学等方面都有着非常密切的联系，其手段、形式和内容构成了体育课程所需要的广泛而又丰富的内容资源。开发利用体育课程内容资源可以从以下几个方面入手。

1. 改造现有的竞技运动项目

竞技运动项目以其突出的竞赛性、娱乐性和高超的技艺等特点而深受广大青少年学生的喜爱。但是，直接将竞技运动项目全盘引进体育课程，特别是将其作为学体育课程的内容是不合适的，显然其没有考虑到学生的身心发展特点。因此，必须从教育的角度对现有的竞技运动项目进行改造，使之成为可以利用的体育课程内容。改造的方法主要有以下几种。

第一，简化比赛规则。只保留一些能够激发学生运动兴趣，使学生很快“玩”起来的简单规则。

第二，简化技战术。将最基本、最适合学生身心特点的基本技术和战术提炼出来。

第三，修改内容。去掉那些繁、难、偏、旧不利于学生身心发展的、学生不感兴趣的内容，不过分强调内容的系统性和完整性。

第四，降低难度要求。即降低动作难度、练习难度，不苛求动作的细节等。

第五，改造场地和器材。使场地和器材更加符合学生的身心发展特点。

2. 引进新兴运动项目

随着现代社会的发展，人们在休闲、娱乐和健身过程中，发明创造了大量新兴的运动项目，如攀岩、野营、保龄球、极限运动、轮滑、沙狐球等。这些新兴运动项目具有娱乐性强、动作易学、场地器材简单等特点，特别适合作为体育课程内容，应通过选择、加工等方法对这些资源进行有效的开发利用。

3. 开发民族、民间传统体育

我国幅员辽阔，民族和民间体育文化源远流长，各个地区、各个民族存在着大量群众喜爱、老少皆宜的体育形式，如武术、龙舟、舞狮、珍珠球及各种各样的体育游戏等，它们都可以通过适当的加工和改造而进入体育课程。对这些资源的开发不仅有利于形成具有各个地区、各个学校特色的体育课程，而且还可以很好地将学生的生活经验与课程的学习紧密地结合在一起。

4. 整合各种体育课程体育内容资源，创造新的体育课程内容

体育教师要善于对各种体育课程内容资源进行整合，不断创造出各种新的体育手段和形式，使其成为体育课程的新内容。例如，我们可不可以将乒乓球与排球进行整合，用乒乓球的球拍和球、排球的场地和规则来进行活动呢？答案当然是肯定的。日本和美国的体育教师们在此方面做了许多探索和实践，值得我们借鉴。

5. 让体育教师和学生的知识和经验进入体育课程

体育教师和学生的经验是非常重要的体育课程内容资源，如果能够通过体育课程教学进行有效的开发利用，将对体育教师的教学方式和学生的学习方式的变革产生积极的影响，特别是可以培养学生主动探究和创新的能力。例如，在教学中向学生提供一些体育器材，要求学生根据这些器材和自己已有的知识与经验通过小组讨论、尝试练习等方式，创编一种新的游戏方法，并在这一过程中教师和学生、学生和学生之间共享其已有的知识和经验，然后将其转化为各种新的体育课程内容。

对体育教师和学生已有知识和经验的开发利用，在我国以往的体育课程教学中是极其薄弱的一个环节，应该注意加强。当然，这需要体育教师从根本上转变教育观念。

（二）对体育课程条件资源的开发与利用

体育课程的条件资源主要包括，学校内外的各种人力资源、物力资源和自然地理环境资源等。

1. 对体育课程人力资源的开发

体育课程的人力资源包括体育教师、学生、家长、班主任和其他有一定体育特长的教职工、校医、校外体育专家、社会体育指导员、运动员、教练员、医生和有一定体育特长的社会其他人员等。他们的知识、智力及体力等都可以通过开发进入体育课程。在开发体育课程人力资源的过程中要注意以下问题。

第一，充分发挥体育教师的作用。因为体育教师是最重要的体育课程资源。在体育课程资源的开发过程中，教师的素质决定了课程资源的识别范围、开发与利用的程度及效益发挥的水平。对体育教师潜能的开发，应该成为体育课程人力

资源开发的重点。

第二,“以生为本”。要鼓励和引导学生积极参与体育课程资源的开发,如让学生自制体育器材和教具,通过网络和媒体收集体育信息、创编各种体育游戏等。

第三,积极挖掘其他人力资源。如进行健康教育,可以请医生、家长等协助进行;又如可以请一些著名的运动员进行体育表演,以激发学生的学习兴趣等。

2.对体育课程物力资源的开发

当前我国大部分学校,特别是广大农村和偏远地区学校体育场地和器材等缺乏的现象非常严重,短期内无法解决。在这种现状下,积极开发各种体育课程的物力资源便显得尤为重要。可以通过以下方法和途径。

一是发挥现有体育器材的多种功能,即一物多用,如跨栏架可以用来跨栏,也可以用作投射门,还可以用作钻爬的障碍等。

二是自制简易器材和替代品。如利用废排球制作实心球,用书包作负重物或标志物等。

三是改造场地,合理布局,提高场地的利用价值。如篮球场可以改造成篮球、排球、羽毛球、轮滑等项目都可以使用的多功能场地等。

四是充分利用学校附近的社区或单位的体育场地和器材设施等。

3.对体育课程自然地理环境资源的开发

学校附近的山川、湖泊、森林、草原、田野、沙丘、海滩及阳光、空气、冰雪等都是极为宝贵的体育课程资源。利用这些自然地理环境资源可以开发出多种多样的体育课程内容,如利用森林,可以进行野营、定向越野;利用沙丘,可以进行爬沙丘、滑沙、沙疗等;利用海滩,可以进行沙滩足球、沙滩排球等。

自然地理环境资源的开发,不仅可以缓解一些学校体育场地、器材不足的矛盾,而且还可以形成学校的体育课程特色,这对校本体育课程的开发与建设具有重要的意义。

四、体育教学内容资源开发的目标

课程的价值在于促进学生的知识、能力、态度及情感的和谐发展。课程的变革,从某种意义上来说,不仅仅是变革教学内容和方法,而且也是变革人。学生是课程改革的出发点和归宿,因为教育的根本目的和功能是促进人的成长与发展,学校的一切工作,最终都是为了促进人的发展,为人的发展服务。从这一点上来说，体育教学内容资源开发的总目标与体育教学的目标应该是一致的，即通过体育教学内容资源开发，培养学生的运动兴趣和运动能力，促进学生身体、心理健康水平和社会适应能力的发展。具体而言，体育教学内容资源开发要实现以下几个目标。

（一）满足学生体育需要，促进学生发展

体育教学内容资源开发的首要目标就是要满足学生的体育需要，促进学生的发展。就学生个体而言，不同年龄、性别及不同地区的学生，由于各自的教育背景不同，其身心发展的水平如身高、体重、运动能力、对运动的兴趣、爱好、态度、社会交往能力等是有很大差异的。

一方面，体育教学内容资源的开发必须以满足不同学生的体育需要为前提，否则便不能被学生所接受；另一方面，学生在体育方面需要学习的东西很多，远非体育教学所能包揽，因而必须在可能的体育教学内容资源范围内，在考虑开发成本的前提下突出重点，精心选择那些对学生终身发展具有决定意义的体育教学内容资源，使之优先得到开发。

要通过体育教学内容资源的开发，使学生由被动地学走向主动参与、主动探索，从而真正学会。为学生提供丰富的、多姿多彩的体育教学内容资源，重在不断培养学生独立学习的意识、习惯和能力。体育教师要充分利用体育教学内容资源开发过程中的各种有利因素，提高学生探索问题、分析问题、解决问题及合作学习等方面的能力，使他们能够创造性地利用各种体育教学内容资源，为自身的体育学习和实践及其他探索性活动服务。

（二）提高体育教师开发体育教学内容资源的认识和能力

体育教学内容资源开发的另一个重要目标是树立体育教师新的体育教学内容资源观，并不断提高其开发体育教学内容资源的能力。体育教师对体育教学内容资源开发的认识和理解，直接关系到他们开发体育教学内容资源的主动性和积极性，也在很大程度上影响着开发的质量和效果。因此必须通过体育教学内容资源的开发，使体育教师对体育教学内容资源的认识不断深化，逐步树立新的课程资源观。体育教师开发体育教学内容资源的能力也是影响开发效果的关键因素之一。对绝大多数体育教师来说，怎样开发体育教学内容资源是一个全新的课

题。通过体育教学内容资源开发，要促使体育教师不断学习现代教育思想和教育技术，学习体育教学内容资源开发的各种方法与技术，并学会从实践中总结各种经验教训，注重分享其他教师的各种经验和成果，使他们的专业水平在实践中不断提高。

（三）丰富体育教学内容体系

体育教学内容，从内涵上来说应该是非常丰富的，但以前相当长一段时间内，体育教学内容被限定在体育教学大纲和体育教材所规定的范围，其他内容如各种新兴运动项目、学生的经验等一般是不会成为体育教学内容的。新课程改革，就是要改变这种局面。体育教学内容资源的开发，也要将丰富体育教学内容体系作为一项基本任务。

体育教学内容资源的丰富性和多样性特点，为我们的开发提供了前提条件。要努力通过体育学科专家、体育教师、学生等多个主体及国家、地方和学校多个层面全方位、多角度地进行体育教学内容资源的开发，使各种新颖有趣、适应性强的体育教学内容资源不断转化为体育教学内容，使体育教学内容的范围在原有的基础上不断拓展、不断丰富，逐步形成具有中国特色的体育教学内容体系，使拓宽后的体育教学内容能够为学生选择学习、发展个性提供更加广阔的空间，为实施素质教育、提高体育教学的质量和效果打下基础。

（四）形成学校体育教学特色，提高新体育教学标准的适切性

致力于形成各个学校的体育教学特色，以提高新体育教学标准对每个学校的适切程度，也是体育教学内容资源开发的重要目标。每所学校由于学校性质、办学条件和教育理念、学生的发展基础等实际情况不同，其拥有的体育教学内容资源的数量、性质和具体结构等也是不同的。因此，不要一味追求体育教学内容资源的统一性，应保持不同地域间学校的体育教学内容资源的丰富多样性，把各个学校所拥有的不同体育教学内容资源，变成特色资源来开发。只有形成特色，才能使一个学校的体育教学内容资源开发具有旺盛的生命力。

五、体育教学内容资源开发的原则

体育教学内容资源开发的原则是在体育教学内容资源开发过程中所要遵循

的基本准则，其对体育教学内容资源的开发具有指导作用。确定体育教学内容资源开发的原则，一方面要依据体育教学内容资源本身的特点；另一方面则要依据体育教学内容资源开发时所需考虑的主要因素。

体育教学内容资源开发中应遵循的原则主要包括开放性原则、针对性原则、合作互补原则、开发与利用相结合原则及时代性原则。

（一）开放性原则

所谓开放性原则，是指体育教学内容资源的开发，要打破时间、空间、学科、领域、途径的界限，尽可能开发利用有益于体育教学实施活动的所有体育教学内容资源。即以一种开放和包容的心态对待人类所创造的一切文明成果，只要有利于实现体育教学的目标，就应该将之纳入到开发与利用的视野，兼收并蓄，为我所用。事实上，从体育教学的发展历史来看，体育教学内容就一直变化、更替着，从体育教学发祥时代的兵操，到现代的各种运动项目；从相对贫困时期的健身养护内容到后工业时代的娱乐休闲内容等，体育教学本来就是一个开放的、不断变化的系统，本身就具有极强的包容性。

体育教学内容资源开发的开放性，包括时间的开放性、空间的开放性、学科的开放性、系统的开放性及途径的开放性几方面。

时间的开放性，是指体育教学内容资源的开发应该跨越时间的界限。从古至今，人类在几千年发展过程中创造了灿烂的体育文化，有的虽历经时间的侵蚀，但仍然熠熠生辉，闪烁着璀璨的光芒。古代的、近代的、现代的各种形态的体育文化为我们提供了一个丰富的资源库。我们可以根据需要从中选择相关内容进行开发，并不断推陈出新，赋予它们时代的意义。

空间的开放性，是指体育教学内容资源不论是校内的还是校外的，中国的还是外国的，农村的还是城市的，汉族聚居地的还是少数民族地区的，只要有利于实现体育教学目标，都可以进行开发。

学科的开放性，是指体育教学内容资源的开发在学校内部要打破体育学科与其他学科之间的界限，尽可能利用其他学科如语文、数学、生物、物理、地理等的内容资源，使所开发的体育教学内容更具有综合的、全面的教育意义。

系统的开放性，有两层含义：一是指在体育教学内容资源开发时，不要只局限于学校体育系统，要尽可能利用社会体育系统和竞技体育系统的内容资源；二是指在体育教学内容资源开发时，要超越体育系统的界限，政治、科技、文化、军事、医疗卫生等社会其他系统，也有大量丰富的体育教学内容资源，也是我们开发的对象。

途径的开放性，是指体育教学内容资源开发不应该局限于某一种途径或方法，应尽可能探索多种途径或方法，并能协调使用。

（二）针对性原则

所谓针对性原则，是指要针对体育教学目标，从学生、体育教师、学校的特点和实际出发进行体育教学内容资源的开发。

首先，要针对体育教学目标进行体育教学内容资源开发。体育教学内容资源开发的最终目的是为体育教学目标的实现与达成，因此，体育教学内容资源开发自始至终要围绕着如何有效达成体育教学目标来进行：一方面，不同的体育教学内容资源具有不同的作用与功能，对于不同特定的体育教学目标，就应该开发不同的体育教学内容资源；另一方面，一些不同的体育教学内容资源可能具有相同的作用与功能，开发时就应该针对体育教学目标对各种资源进行比较与分析，以便能开发出适应性相对较强的体育教学内容。

其次，要针对学生的特点进行体育教学内容资源开发。这在理念上体现了体育教学开发与建设要"以学生为主体"的思想。具体表现在三个方面：一是要针对学生的生理和心理发展水平；二是要针对学生的体育兴趣与爱好，尽可能激发学生的求知欲；三是要针对学生已有的体育学习基础和能力。

再次，要针对体育教师特点进行体育教学内容资源开发。每一位教师都有自己的认知策略、思维习惯和工作方式，有自己的生活经历和教育背景，有自己的经验、兴趣、爱好、专长和个性特征及不同的教育教学风格等，这些不仅会直接影响到他们对体育教学内容资源开发的认识，也关系到开发方式和开发的广度与深度。因此，应针对每个体育教师的教育思想、理念、知识、经验、专业水平、特长等来开发体育教学内容资源。

最后，由于各个学校具有不同的性质和任务，其所在地理位置、历史传统、培养目标、办学宗旨、师生结构、校风校纪、校容校貌等各不相同，所以要针对学校的特点进行体育教学内容资源开发。如针对学校的自然环境特点、学校的场地、器材、设备的特点、学校的体育传统与风气、班风与校风的特点等。由于体育教学内容资源的开发在很大程度上受各学校体育教学环境资源状况的制约，因此体育教学内容资源的开发也要因地制宜，从各个学校的实际出发。例如山区学校，可以以山为主题来开发体育教学内容资源，如登山、攀岩、远足、野营等；地处江、河、湖、海附近的学校则可以以水为主题开发体育教学内容资源，如游泳、龙舟、划船、水中健身操等。又如城市经济条件好的学校，可以利用校内外的网络资源，进行体育教学内容资源开发，如开发各种体育知识、运动项目的比赛规则、健康保健知识等；而农村经济条件较差的学校则可考虑开发一些本乡本土的、民间的体育教学内容资源，如舞龙、采莲船、踩高跷、顶扁担、滚铁环和其他民间游戏等。

（三）合作互补原则

所谓合作互补原则，是指在体育教学内容资源的开发过程中，要充分发挥体育教学专家、体育教师、学生等人员的作用，充分利用他们的知识、经验、特长及各自的优势，取长补短，优势互补，共同提高体育教学内容资源开发的质量与效果。合作互补的原则有四层含义：一是体育教师与高等院校或科研机构的体育学科专家之间的合作互补；二是不同学校之间或同一所学校内部体育教师们之间的合作互补；三是体育教师与学生之间的合作互补；四是体育教师与其他人员合作互补等。

体育教师作为体育教学的实施者，由于身处教学的第一线，因而具有较强实践能力和广阔的实践舞台，但是他们普遍缺乏教育研究方面的知识，教育理论视野也不够开阔，加上繁重的教育教学工作，其参与体育教学内容资源开发的积极性和效果都会受到一定的限制。而高等院校或科研机构的体育学科专家们虽有较强的体育教学内容资源的开发意识，也有较扎实的教育理论基础和教育科研能力，但却缺乏像学体育教师那样的现场经验和具体实践操作能力。因此，只有将二者的优势结合起来，形成理论指导—实践操作的相互结合，才能使体育教学内容资源的开发方向更加明确，效果更加明显。

体育教师之间的交流与合作，对提高体育教学内容资源开发的质量与效果也有很重要的意义，因为：其一，体育教师之间的合作、探讨、经验分享本身，就是开发体育教学内容资源的重要方法之一；其二，由于体育教师们活动的空间背景相对一致，或同一所学校，或同一个城市、一个区、一个县、一个乡镇的几所学校，其在地域上有着相同的特点，通过相互合作，有利于开发出特色鲜明的体育教学内容。另外，体育教师之间的合作，还可以使一个体育教师或一所学校在体育教学内容资源开发方面所取得的成果和经验，能够迅速在其他教师中推广，形成较强的示范作用，有利于体育教学内容资源开发的不断深入。

体育教师与学生的合作，同样也有利于体育教学内容资源的开发。学生在体育方面的知识、技能、经验等虽然不像体育教师那样，经过了专业的培训，但他们在体育方面同样也具有体育教师没有的生活实践优势。表现在以下几方面：第一，某个领域的体育知识，如德甲、意甲、英超等方面的各种信息，学生可能比体育教师掌握得更多；第二，某些运动项目特别是新兴运动项目的知识和技能如山地自行车、滑板、轮滑、台球等，体育教师可能不如学生；第三，学生本身所拥有的生活和学习经验是体育教师不具有的。体育教师通过与学生合作，不仅可以大大提高体育教学内容资源的丰富程度和开发效果，也有利于使学生的经验进入体育教学，成为体育教学的重要内容。

在体育教学内容资源开发过程中，体育教师与其他人员如学生家长、学校行政人员、教练员、民间艺人、社区其他人员等之间的合作也是非常重要的。也就是说，体育教师要充分地利用一切可以利用的“外力”来提高体育教学内容资源开发的效果。

（四）开发与利用相结合原则

开发与利用相结合原则，是指在体育教学内容资源开发过程中，不能单纯为开发而开发，要注意使开发与实际利用结合起来，使开发的体育教学内容资源通过课程实施的各个环节进入体育课堂而发挥其作用与功能。

以前，课程资源的地位和作用没有得到足够的重视，教材以外的课程资源开发力度严重不足。如今，课程资源开发问题已经引起关注，但这又可能导致另一个极端，即肆意开发各种资源，而忽视实际的利用。因此，体育教学内容资源的开发也应该注意尽量避免只重开发不重利用的倾向，既要注意开发的数量，又要注意开发的质量；既要树立积极开发各种体育教学内容资源的意识，又要善于分析、识别、发现现有的体育教学内容资源，把闲置的体育教学内容资源，及时进行加工、改造和转化，使之进入体育教学而加以充分利用。

（五）时代性原则

时代性原则具有两个方面的含义。一是指体育教学内容资源的开发要反映出现代社会发展的需求；二是指体育教学内容资源的开发要体现出鲜明时代特征。

随着社会的不断发展和现代科学技术的日新月异，人们的生产方式和生活方式发生了巨大的变化。这种变化一方面使人们的生活更加舒适便利；另一方面对人们的健康带来了诸多不利影响，如人的生物性退化、人际关系淡化、社会应激水平增加等一系列问题。这种影响同样也波及大学生，例如当前学生体质健康水平呈下降趋势，而心理疾病的发病率则呈直线上升趋势。因此，改善和提高青年学生的健康水平，便成为当今社会发展的需要。体育教学内容资源开发也必须要满足这一需求，具体而言就是要尽可能开发出锻炼价值高、实用性强、对改善学生心理素质及提高学生社会适应能力作用大的体育教学内容。

健康的生活方式是现代人追求的目标之一。娱乐、健身、休闲正在逐步成为人们余暇生活的主旋律，而各种娱乐、健身、休闲的手段也在不断地发明和创造出来，成为深受大众喜爱的新兴运动项目。体育教学内容资源的开发，亦应该体现出这种鲜明时代特征，要让那些有着浓郁生活气息和趣味性强的各种身体练习，通过加工成为体育教学内容的组成部分，以便为学生走出校门、步入社会生活奠定基础。

第三章　体育教学过程

第一节　体育教学过程的含义与性质

一、体育教学过程的含义

体育教学过程是一种特殊的认识过程，也是一个促进学生发展的过程。在教学过程中，教师要有目的、有计划地引导学生能动地进行认识活动，自觉地调节自己的志趣与情感，循序渐进地掌握科学文化知识和基本技能，以促进学生智力、体力、品德和审美情趣的发展，为学生奠定科学世界观打下良好的基础。

二、体育教学过程的功能

教学过程是一种认识和实践相统一的活动过程，这一过程的目的在于促进学生的全面发展，也就是说，教学过程的功能在于促进学生身心诸方面的和谐发展。全面地认识和开发教学过程的功能，可以使教学更好地成为实现教育目的的有效途径。

教学过程的功能主要表现在以下几个方面。

（一）教育功能

在教学过程中，学生不仅知识增长、能力发展，并且思想情感、精神面貌、道德品质也同时受到熏陶，发生变化。教师应自觉地在教学过程中将教书和育人统一起来，使教学过程的教育功能得以充分发挥，给学生的思想和道德以有益的影响。

（二）传递知识功能

通过教学过程，教师可以向学生传递系统的科学文化知识和基本技能技巧。因为教学过程是有目的、有计划、有组织地培养人的过程，所以它可以发挥出高效率、高质量的传递功能。

(三)智能培养功能

培养智能是在传授知识和形成技能的统一过程中进行的,三者之间有着极为密切的联系,是互相促进,互相依存的统一体。其一,知识是智力活动的内容;其二,获取和运用知识的活动本身,就具有智力锻炼和能力培养的功能;其三,技能形成则能够大大简化智力活动过程,能更经济、更有效、更快地提高智力活动的水平。

(四)审美功能

教学过程将“美”的因素作为教学手段或教学艺术贯穿于该过程的始终,渗透到教学活动的各个方面,使学生在“美”的形式中顺利吸收“教”所要传达的各类教育信息,并陶醉于教学美的享受之中,消除紧张学习带来的疲劳,形成一定的审美观念、趣味和能力。

(五)发展个性功能

传授知识、形成技能和培养智能,也是发展个性的重要方面。每个学生都有可能在原有经验背景和生理条件的基础上,形成独特的知识、技能和智能结构,构建自己新的知识体系,进而也成为个性发展的基础。但是,学生个性的发展还取决于另外几个方面,即思想、品德、价值体系、情感、动机、态度、意志的培养,身体素质的健全。教学过程对决定学生个性发展的这几个方面,都有着积极的影响作用。

三、体育教学过程的性质

(一)体育教学过程是学习知识和形成运动认知的过程

体育是涉及人文学科和自然学科的综合性课程,在以掌握运动技能为主的体育教学过程中,学生也会涉及许多的知识学习和运动认知获得,有时候,这些知识学习和运动认知获得还是掌握运动技能和提高运动素质的基础,因此,体育教学过程也必是一个掌握体育知识和进行运动认知的过程。

(二)体育教学过程是学生掌握运动技能的过程

体育教学过程首先是学生掌握运动技能的过程。知识类学科的教学过程主要是使学生识记概念及运用判断、推理等思维方式去掌握科学知识并发展智力,而体育学科则是使学生在不断的身体练习中去掌握运动技能,并通过运动技能的掌握进行其他方面的养成教育,所以我们首先要把体育教学过程理解成为一个学生掌握运动技能的过程。

(三)体育教学过程是体验运动乐趣的过程

学生学习体育的过程是一个在生理上伴随着苦、累、汗甚至伤痛的过程,是身体经受生物学改造的过程,但同时也是一个在身体和心理方面体验运动固有乐趣的过程,这种乐趣是体育运动生命力的体现,也是体育教学的学习目标与内容,更是培养学生的体育参与意识的途径与手段,是终身体育的重要基础。因此,我们还要把体育教学过程理解成为一个学生体验运动乐趣的过程。

(四)体育教学过程是集体学习和集体思考的过程

"集体学习"和"小集体学习"是体育教学的主要教学形式,这是由于大多数的体育运动项目是在集体和小集体的形式下完成的,因此,体育的学习也需要在集体性学习和集体性思考的过程中进行。与此同时,当前的体育教学的目标也越来越指向学生的集体学习,以期获得集体教育潜性作用。体育教学中的集体学习和集体思考也是加强师生、生生互动与沟通,是培养学生的社会交往与社会适应能力的途径,因此我们也要把体育教学理解成为一个学生集体学习和集体思考的过程。

(五)体育教学过程是提高运动素质的过程

掌握运动技能需要运动素质的提高,同时大肌肉群的体育活动也能有效地提高运动素质,运动技能和提高运动素质是相互促进的关系,因此体育教学过程也是一个不断提高学生运动素质并以此增强学生体能的过程。在体育教学过程中,不仅要注重学生对运动技能的掌握,而且要更加关注学生运动素质的提高,要在设计教学、安排进度和选编内容等方面将二者有机地协调起来。

第二节　体育教学规律

一、体育教学过程的一般规律

体育教学过程是一个运动、变化和发展的过程，是体育教学各要素本质的和必然的联系，这不但是客观存在的，并且具有一定的规律性，认识和驾驭这些规律，根据规律去确定教学原则、教学方法、组织形式和教学手段，是实现教学目标，提高教学质量的基本保证。体育教学过程的基本规律，可分为一般教学规律和特殊教学规律两类。体育教学过程的一般规律是指体育教学同其他学科一样，所共有的普遍规律。

（一）社会制约性规律

体育教学是一种培养人的社会活动，它要受一定社会的物质、文化条件，特别是一定社会教育目标及其内容的制约。不同的社会制度，不同的国情，体育教学目标和内容不尽相同。我国的体育教学是学校教育的组成部分，并和其他学科教学一道成为实现学校教育目标的基本途径与重要手段。同时，体育教学必须与社会发展的条件和需要相适应，并随着社会发展和需要的变化而变化。

（二）认识规律

教学过程以辩证唯物主义的认识论作为它的方法论基础。人们认识任何事物，首先是从对事物存在现象的感性知觉开始的。人靠着感觉器官，建立了与外部世界环境的联系，然后通过抽象思维，从感性认识提高到理性认识，找出事物的本质，揭示事物发展的规律，最后形成科学的概念，并通过实践去验证这些概念。

教学过程是学生的一种特殊认识过程。学生在学习和掌握体育知识技术与战术的过程中，必须遵循认识活动的规律。在体育教学过程中，教师要引导学生将感知、思维和实践三个环节紧密结合起来，缺一不可。感知是认识事物的开始，是形成表象的基础；思维是形成理性认识，掌握动作的关键；实践是巩固和运用知识，改进提高运动技术，发展身体，增强体质，促进健康，培养良好思想品德的途径。

（三）学生身心发展的规律

教学的对象是学生，学生的身心发展具有一定的规律性。在教学过程中，制定教学目标、安排教学内容、采用相应的教学组织形式、教学方法与措施等，都必须从不同年龄、不同性别学生的身心发展的特点出发，符合他们身心发展的实际，因材施教，才能获得理想的教学效果。

（四）教与学辩证统一的规律

教学过程是教与学的矛盾运动过程。为实现教学目标，必须正确认识和处理教与学的关系，既要充分发挥教师的主导作用，又要十分重视调动学生学习的积极主动性。

教学过程的实质，是教师采取有效措施，引导学生学习，由不知到知之，由知之到用之的转化过程。在这一过程中，教师起着主导的作用。但是，教师的主导作用只是教与学关系的一个方面，学生是学习的主体，只有教师的主导作用，而没有学生学习的积极性、主动性相配合，教师的主导作用也不能完全发挥。教师是否发挥了主导作用，其程度如何，主要看学生的学习积极性和主动性能否被调动起来，只有教师的努力与学生的努力积极地配合，协调一致，才能取得好的教学效果。

（五）教育、教养与发展相统一的规律

教学过程是学生受教育的过程，教师结合对学生知识、技术、技能的传授，对学生进行思想品德教育，使他们的思想感情、精神面貌、道德情操及意志品质都受到熏陶和提高，这是教学的教育目标；以一定的、系统的知识、技术、技能武装学生，这是体育教学的教养目标；在向学生传授知识，技术、技能的同时，还必须充分发展学生的体力和智力，这是教学的发展目标。教育、教养和发展是密切相关的统一整体。教学实践表明，三者之间相互联系，相互促进，相互渗透，互为因果，统一于教学目标之中。

（六）教学内容和教学过程相统一的规律

任何一门课程都是教学内容与进程的总和。在教学过程中，内容决定形式，如根据哪些原则，采用何种教法，运用哪种组织形式等都要考虑教学内容。教学

内容也影响着教学的进程。这些说明教学内容在很大程度上支配着教学过程，而教学过程的其他规律也制约着教学内容的选择和体系的构成。

(七)教学效果取决于教学基本要素合力的规律

体育教学的基本要素对教学效果有着直接或间接的影响，但它们不是孤立、简单地产生的，而是在各要素相互制约、互相联系和作用下产生的，也就是说在体育教学过程中，每个要素都在产生一定的力，但导致教学效果的力并非各要素之力的简单相加，而是各要素之间在实际关系中形成的一种"合力"。因此，在体育教学中，起主导作用的教师如何把握和处理好其他要素的关系，选用适当的方法、手段与组织形式，精选教学内容，创造良好的教学环境和准确确定教学目标等，都应充分考虑学生的年龄、个性、心理、生理特征及已有的知识、经验基础、动机、兴趣、态度与学习方法等，从而组成一个动态、综合的"合力"，这是决定教学效果的关键，可见本规律是获得最佳教学效果的规律。

二、体育教学过程的特殊规律

体育教学过程的特殊规律是指体育教学过程中所特有的规律。

(一)动作技能形成的规律

体育教学要让学生学会和掌握一定的运动技能，而运动技能的形成要经历一个由不会到会、由不熟练到熟练、由不巩固到巩固的发展过程。动作技能的形成通常分为三个阶段，即粗略掌握动作阶段、改进与提高动作阶段和巩固与运用自如阶段。

第一阶段，粗略掌握动作阶段。这是在教某一个新动作的开始阶段，这一阶段的特点，是大脑皮层兴奋与抑制扩散，处于泛化阶段，条件反射联系不稳定，内抑制不够，表现为做动作很吃力，紧张，不协调，缺乏控制力，并伴随着一些多余动作和牵强的动作。这一阶段教学的主要任务是使学生建立动作的正确表象和概念，防止和排除不必要的多余动作和错误动作，使学生在反复练习过程中粗略地掌握动作。在这一阶段，应注意动作的主要环节的教学，不必过多地强调动作细节和规格要求。

第二阶段，改进与提高动作阶段。这一阶段的特点是大脑皮层兴奋与抑制过程处于分化阶段，兴奋相对集中，内抑制逐步发展巩固，并初步建立起动力定型，能比较精确地分析与完成动作。在练习过程中，大部分错误动作得到纠正，能比较顺利和连贯地完成完整动作，但不熟练，遇到新的刺激，多余和错误的动作还可能会重新出现。因此，这一阶段教学的主要任务，是在粗略掌握动作的基础上，进一步消除牵强、紧张和错误的动作，加深理解动作各部分之间的内在联系，进而掌握动作的细节，建立动作的动力定型，提高动作的协调性与节奏性，发展学生的体力，使学生能够轻快、协调、正确地完成动作。根据这一阶段的特点，教师应引导学生在反复练习过程中，启发学生的思维，采用比较、分析等方法，使学生了解动作之间的内在联系，在保证动作质量的前提下，加大运动负荷，以改进和提高动作的质量。

第三阶段，动作的巩固与运用自如阶段。这一阶段的特点是大脑皮层兴奋过程高度集中，内抑制相当牢固，形成牢固的动力定型。表现为能够很准确、熟练、省力、轻快地完成动作，并能够灵活自如地运用，达到连贯性的程度。当然，随着动作的不断重复和动作细节的不断改进，动作的准确、熟练和连贯性的程度还会不断提高。但是，如果长期中断练习，已形成的动力定型就又会逐步消退。因此，这一阶段教学的主要任务，是巩固发展已形成的动力定型，使学生能熟练、省力、轻快地完成动作，并能在各种复杂变化的情况下灵活自如地运用。

上述动作技能形成规律的三个阶段是有机联系的，反映在体育教学实践中，由于教学内容的难易程度、教师的教学组织水平及学生的体育基础等条件的不同，三个阶段的具体特点和所需时间也各不相同。由此可见，三个阶段的划分也是相对的，没有明显的界线。尽管如此，动作技能形成的三个阶段是客观存在的，在不同的阶段中，动作技能的教学各有特点及与其相应的教学目标和要求。只有根据这些特点、目标和要求，采用相应的手段和方法，才能收到事半功倍的效果。

（二）人体机能活动能力变化的规律

在体育教学过程中，机体功能活动能力的变化与人体有关器官系统的功能是密切相关的。要组织学生进行反复练习，学生生理机能活动能力就会发生一系列的变化，这种变化是有一定规律的。

当人体开始运动时，由于机体惰性的影响，人体各器官系统的机能活动能力从相对的较低水平逐步上升，这一过程称为逐步上升阶段。以后在一段时间内，人体机能活动的能力稳定并保持最高水平，即保持在一个起伏不大的范围内，此阶段称为稳定阶段。人体机能活动到一定的程度产生疲劳，身体机能活动能力下降，经过休息，身体机能能力又逐渐恢复到相对安静时的水平，这个阶段称之为下降和恢复阶段。身体机能活动能力从上升到稳定再到下降恢复的过程,称为人体生理机能活动能力变化的规律。

由于年龄特点、身体健康状况、体育基础水平、教材的性质、教学组织教法及气候条件等不同,学生机能活动能力上升阶段所需要的时间、最高阶段的高度、稳定的时间及承担急剧变化负荷的能力均有所不同。学生的年龄不同,机能活动能力的特点也不同。少年儿童机能活动能力的特点,一般是上升时间短而快,最高阶段延续时间较短,承担急剧变化负荷的能力较低;青壮年的身体机能活动能力是最旺盛的阶段;壮年以后,随着年龄的增长,身体机能活动能力又将逐渐降低。随着身体训练水平的提高,身体机能能力上升阶段的时间可以缩短,保持最高阶段的时间可以延长,承担强度大的急剧变化负荷的能力也会提高。教材的性质不同,其上升坡度和最高阶段的高度就大不相同。另外,气候炎热,上升阶段所需要的时间就短,气候寒冷,上升阶段所需要的时间就应延长。

在体育教学过程中,必须遵循人体生理机能活动能力变化的规律,结合学生的具体情况,正确地组织与安排教学,循序渐进,最佳地完成教学任务。

(三)人体机能适应性规律

在体育教学中,学生积极地进行身体活动,反复进行练习,促进体内物质能量不断消耗,以释放出能量供给活动的需要。身体强烈地消耗,必然引起疲劳和暂时的身体机能能力下降,但疲劳的过程同时也是刺激恢复的过程,促使能量储备加强,出现超量恢复,提高机体的适应能力。

超量恢复是指练习以后,在恢复阶段人体内被运动时所消耗的能量物质,不仅恢复到原有水平,并且在一段时间内还超出原有水平。这一超出原有水平的恢复,称为超量恢复。这就是在体育教学中,学生承担一定负荷的刺激,促进新陈代谢和提高机体能力的过程,这个过程是有阶段性的。

工作阶段:学生承担一定的运动负荷(身体练习的量和强度),动员机体的潜在能力,身体内异化作用加强,能量储备逐渐被消耗(曲线呈下降趋势)。

相对恢复阶段:经过间歇和调整,各机能指标恢复到工作前的水平(曲线呈上升趋势)。

超量恢复阶段:经过合理的休息和能量补偿,物质和能量储备超过原来水平,从而提高机体的工作能力。

复原阶段:如果间歇时间过长,失去了超量恢复阶段的效果,机体工作能力下降到原来水平。

机体适应活动所产生的体内一系列变化的过程，是由工作阶段进入到相对恢复阶段和超量恢复阶段，最后到复原阶段，这就是人体机能适应性规律。在体育教学中，为了有效地提高学生机体能力，增进健康，最重要的是合理安排负荷与休息，超量恢复的状况将依赖于运动负荷的大小和人体新陈代谢能力的不同而有所变化。在一定范围内，肌肉活动量越大，消耗过程越激烈，超量恢复越明显，其结果使得一系列体育教学的效果得以积累，产生了机能适应性变化，学生的体质就会得到增强。

第三节　体育教学过程的层次与特点

一、体育教学过程的层次

体育与健康教育中，分层次教学效果较明显。学生的形态、身体素质与心理素质、体育基础、认知能力等各不相同，体育教学必须要面对这些实际，提出不同的教学目标，采取不同的教学方法，才能使不同水平的学生都学有所得，符合体育教学中从实际出发的教学原则，有利于因材施教。

在教学论发展史上，对教学过程的层次划分曾有过不同的看法：如把一节课、一个单元的短时间范围看作微观过程，把周、月，甚至更长时间范围看作宏观过程。有人认为，教学过程在一学年，甚至在整个学校教育期间是一个连续的过程，整体上的宏观过程是由短时间单位的微观过程组成的。一般来说，一节课、一个单元的微观教学过程便于跟踪，周、月甚至更长时间的宏观教学过程却很难考察。因而造成教学实际工作者“只见树木，不见森林”，不能从整体上、发展上来规划教学过程、步骤和方式方法。为了改变这种情况，我国学者江山野以学生独立学习能力发展为线索，把整个教学过程分为四个层次五个阶段：一是从小学到大学毕业或完成一定阶段的学校教育为止，这一整个过程是一个总的教学过程，简称第一教学过程。在这个总过程中，按学生独立学习能力发展的程度又分为五个阶段：第一阶段学生学习完全依靠教师，相当于小学低年级；第二阶段学生学习依靠教师，相当于小学中高年级；第三阶段学生相对独立进行学习（相对独立阶段），相当于初中；第四阶段学生基本独立学习（基本独立阶段），相当于高中、大学低年级；第五阶段学生完全独立学习（完全独立阶段），相当于大学高年级、研究生。二是一门课程从开始到结束，简称第二教学过程。三是一门课程中的一章或一个单元的教学过程，简称第三教学过程。四是一点知识（如一个公式、定理、定律或法则之类）或一课时的教学过程，简称第四教学过程。

这四层教学过程，一层包含一层，从另一个方面也可以说是一层从属于一层，即第四教学过程从属于第三教学过程，第三教学过程从属于第二教学过程，第二教学过程从属于第一教学过程。

二、体育教学过程的特点

体育教学过程的特点与一般教学过程的特点有一定的相似性，但也有一些差异之处。体育教学过程的特点主要有以下两个方面。

（一）运动负荷为条件

体育教学过程中，由于是以传授操作性知识为主，教学内容必然是各种身体练习，因此，教学过程是以运动负荷为刺激和条件的。这一运动负荷主要以生理负荷为主，是心理和生理负荷的统一。通过承受一定的生理负荷和心理负荷，产生相应的疲劳，身体会做出相应的调节，促进身体恢复及超量恢复。这点也正是体育活动能促进身体发展、增进健康的生物学依据，即只有使机体适应一定生理、心理负荷的刺激过程，不断地经过适度的超量负荷锻炼，才能有效地发展身体、增进健康。

（二）宽松的教学氛围，严密的教学组织

体育教学多以室外课堂教学为主，所以说体育教学过程是在相对宽松的环境下进行的。宽松的教学环境对于学生社会性的培养具有非常重要的作用，但是宽松的教学环境容易使学生放松注意力。由于体育教学涉及一些体育器材，学生在学习过程中承受着一定的运动负荷，身心疲劳，难免在教学过程中会产生伤害，为了避免一些事故的发生，必须对教学过程进行严密的监控。

（三）身心发展为评价范畴

体育教学过程是以活动为主要内容，以运动负荷为条件的特殊过程，与一般教学过程有极大的差异，因此，在评价范畴方面也有所差异。体育教学过程是与学生的身体活动紧密相连的，学生通过感知、模仿练习来掌握体育的知识技能，促进自身的身心和谐发展。学生也只有不断使机体适应一定生理、心理负荷的刺激

过程，不断地经过适度的超量负荷锻炼和恢复的综合积累，才能有效地发展身体、增进健康。只有学生的身心得到发展，体育教学目标才能得到实现。这便是体育教学过程的评价范畴。

（四）运动实践活动为基础

一般教学活动主要以理论性知识为主，多采用室内课堂教学的形式，学生以脑力学习为主要方式。体育教学多采用室外课堂教学，学生多以身体练习为主要方式。体育教学过程是学生在教师指导下进行运动实践活动的过程，教学内容以身体练习（运动动作）为主，这一内容的特殊性就成为体育教学过程的一个重要特点。

（五）培养社会性突出

其他学科的教学主要是师生在相对稳定的团体中的静态交往，体育教学过程中的交往则是以充分发挥每一个个体能动性为主的动态交往。体育教学过程是教师的“教”与学生的“学”的双边活动的过程，学生要从事各种身体练习和活动，既需要教师的指导、帮助，又需要学生之间的相互合作、相互帮助、相互评价，客观上要求学生要进行多方面的交往。这一特点决定了体育教学过程不仅是一个身体活动过程，也是一个心理活动过程和社会活动过程。体育教学过程中的人际关系和交往是社会性和生活性的体现。

第四节　体育教学过程的动态与静态分析

一、体育教学过程的静态分析

（一）体育教学系统的构成要素

以整体性观点来看体育教学过程，首先把体育教学本身看作一个完整的系统，这个教学系统是由许多相互联系的部分（要素）构成的。目前，学术界认为教学过程是由三个最基本的要素，即教师、学生、教材构成的。教师，包括教师的教学态度、教学能力、课堂管理能力、知识结构、技术、技能、个性品质等。学生，主要包括学生的身体发育水平、对于知识的理解掌握能力、运动技能水平、品德水平等。教材主要包括教学目标、教学内容、教学评价等。

(二)现代体育教学过程的本质

体育教学过程的本质是指体育教学过程自身所固有的,由其内在矛盾的特殊性所规定的,是体育教学过程与其他学科教学过程进行区别的根本属性。所以,对于体育教学过程的认识应从多方面把握,从多元化的角度来进行探讨,体现体育教学的身体实践性特点,这样体育教学过程理论才能真正指导体育教学实践。

体育教学是体育教师教和学生学相互统一的活动过程。在这个活动中,存在着两种过程:体育教师教授各种体育技术活动过程和学生的学习活动过程。他们并不是孤立地存在于体育教学过程之中的,而是相互依存、相互作用,彼此之间紧密联系着的。体育教师的教授活动过程和学生的学习活动过程统一于教师教学生认识和实践的活动之中。由此可以说,现代体育教学过程的本质是一种特殊的认识过程与实践过程。原因主要有以下几个方面。

一方面,从教学的形态起源来看,教学起源于人类的交往活动。社会不是由一个个彼此之间丝毫不发生联系的个体积聚而成的,社会最基本的意义是人与人之间的交往关系。因此,交往是社会性个体的发展根源。在原始社会中,交往是人们生活和学习的基本方式,人们通过与家庭成员、氏族成员、巫师等人的交往进行学习。那时,人和人之间的交往隐含着教育构成中的基本要素(如交往主体、交往内容、交往客体、交往媒介等)。当交往双方相对特殊化,并形成一种以传递经验,影响人的身心为直接目的时,交往就会进一步发展为教育。教学是实现教育的根本途径,同时也是教育的核心部分,只有通过教学才能实现社会交往互动。

另一方面,从形态存在来看,教学是一种特殊的交往形式。马克思在分析人的本质时指出:“在其现实性上,人是一切社会关系的总和”。从中可以看出,人的本质必须通过社会来体现,而社会的运行与发展必然离不开交往。

教学过程的本质是教师与学生相互作用的过程;没有这种相互作用就没有教学。换言之,教师与学生之间形成了一种特殊的社会关系,他们之间的交往也成了一种特殊的形式。其特殊性主要表现在以下几个方面:①它有独特的交往目的。②它有特殊的交往内容。③它有特殊的交往主体。④它有特殊的交往方式。

另外,从对话构成了师生间的主客体关系来看,教学这种特殊的师生交往是以对话为主要表现形式的,对话双方之间构成了师生间特殊的关系。在这种特殊的关系中,师生双方并不把对方看作一个对象,而是把彼此看作是为了实现教学目标，达到教学目的的合作者。通过对话，人与人之间相互沟通、交往，这样师生双方的关系便发生了变化。

二、体育教学过程的动态分析

（一）课堂教学过程的动态生成性

教学过程的生成性是当前新课程在教学展开过程中提倡的新理念，它是针对传统教学的弊端而提出的，教学过程的生成性是在后现代教学论思想影响下产生的。教学论的发展从现代走向了后现代，“西方的哲学由科学主义世界观向生活世界观、由本质主义向生成性思维转折”，而所谓的生成性思维的本质就是突出“过程性”，“重创造而反预设，重视个性反中心、统一”，因此后现代的教学论也突现出典型的特征：重视教学的过程，强调教学目标具有不确定性和非预设性；倡导教学方式方法的综合性和互动性；强调教学过程创造主体之间的交往（对话、合作、沟通）关系；重视教学过程中创造意识和个性培养。

动态生成教学过程观是我国著名教育家叶澜教授提出的。叶教授指出当前提倡的改革观念转变，脱离了教师的教学，没有真正在教学实践中实现内化。“课堂教学的中心或唯一目的”仍然是完成教学任务、课堂仍然是“教材为中心”，上课的过程就是执行并完成教案的过程。课堂成了演出“教案剧”，教师是“主角”，学习好的学生是主要的“配角”，大多数学生是“群众演员”和“观众”。因此，叶教授指出，一个真实的课堂教学过程是一个师生及多种因素间动态的相互作用的推进过程，由于参加教育活动有诸多复杂的因素，因此教育过程的发展有多种可能性存在，教育过程的推进就是在多种可能性中做出选择，使新的状态不断生成，并影响下一步发展的过程。

（二）体育教学过程的动态生成性

体育课堂教学过程在内容和组织形式等方面不同于其他课程（语文、数学、英语等）教学过程，体育课堂教学的本质就是组织学生进行体育活动的教学过程。就学校体育而言，体育教学基本任务就是发展学生体质与传承和创造体育文化，实现体育教学目标的基本路径就是以学生体育活动为中心的体育知识和运动技能学习过程。学生的个性发展、思想品德形成和社会适应性提高等都蕴含于体育学习过程之中，这些目标都是渗透于学生体育教学过程的动态生成性。体育教学场地的广阔空间感、身体运动的体验、人际交流的自由感、运动素质或技能提高的成就感等，这些是其他课程难以达到的，这也是体育课魅力之所在。然而，体育教学课堂空间的广阔性、学生参与体育学习的运动性和运动技能学习的复杂性等因素，使得体育教学过程具有非线性和开放性等特征，这就是体育教学过程的动态生成性。体育教学过程的动态性主要表现在课堂教学非预设性、非线性、开放性等方面，要求教师以动态发展的眼光看待学生和课堂教学，强调课堂教学方式的非预设性，教学路径的非直线性和教学内容的开放性等。课堂教学活动本身作为课程资源的重要组成部分，在教学过程中生成了动态的课程资源。动态生成性资源对于教学的作用在于形成使教学活动开展和进行的生长点，使教学能够在这个生长点的基础上不断地动态生成，从而使教学过程中的师生得到不断的发展。因此，要使课堂教学具有生成性，特别需要强调教学的活动性、主体性和交互性。

（三）体育教学中动态生成的要素

1.师生课堂平等互动

教师与学生间的课堂互动，是课堂教学得以动态生成的必要条件。在一定程度上，动态生成也可以理解为互动生成，因为没有教师与学生间的互动，就不可能出现动态生成的课堂。对学生来说，互动意味着主体性的体现，个性化的发展与创造性的解放。对教师而言，教师与学生彼此沟通，真心交流，分享快乐，共同成长。例如，在不同形式的传接篮球练习中，有同学提出要求采用分组打比赛形式来进行传球练习。在学习篮球传接球技术阶段，如果采用篮球教学比赛，学生往往注重抢断球、运球、投篮等，传接球练习的机会就会减少。教师与学生一起讨论，最后师生达成共识：比赛中只能通过传接球、原地运球和投篮等方式进攻或攻防转换，不能运球。在比赛中，学生通过形式多样的传接球方式进行进攻，学习兴趣很高，有效地促进了传接球技术的掌握。师生互动，情景交融，学生在民主与平等的教学氛围中激发出了创造性学习的热情。教师组织学生一起进行讨论、比较、评价和修正，形成不同方案资源和更为丰富、综合、完善的新认识。师生间互动深化是体育课堂教学过程中对信息的重组，教师根据信息整合的结果制定教学策略，使教学过程真正呈现出动态生成的创生性质。

2.追求真实课堂情景

动态生成的课堂是真实的课堂，是丰富多彩的课堂，能够真实地反映学生的情况，呈现出教师课前未能设计的情况，而不是机械、僵化、一成不变地按照预设的方案教学。生成性教学是在动态的教学过程中实现的，因此教师要重视利用教学过程中的生成性资源。教师要有良好的教学机智，将教学中的出现的问题变成新的教学的资源，把原先可能成为疑点的问题转化成教学的亮点。在体育教学中，对学生技能学习中产生的错误，教师可以不急于指正，相反将错就错，反而使活动过程更加精彩。例如，在篮球教学比赛中，由于学生篮球运动水平的局限性，使得比赛经常因"走步"和"两次运球"而中断比赛，使得活动断断续续，不能满足学生尽兴的需要。在这种情况下，教师可以将错就错，适当降低要求和标准，为了让学生充分享受篮球运动的乐趣，这一两次"走步"和"两次运球"又算得了什么呢？学生会因为我们对"错误"的"宽大处理"，而在活动中更显生命的活力。学生在投篮的时候，双手将球直接砸向篮圈，球根本无法入筐。这时教师可以不急于纠正，让学生在多次"砸篮"不进之后再给予纠正，这样可以使学生通过充分的实践来认识自己的"错误"，然后在正确动作的学习中会更加积极主动、认真刻苦。

(四)教学过程的开放性与动态性

体育教学过程动态性，这就需要我们对课堂教学建立一种动态的、非线性的、综合的、整体的思维模型，而且这种复杂性、偶然性或不确定性有必要渗透进入教学设计理念中。教学过程设计实质是由教师内在的策略与外在的教学形式组成的。在动态生成的教学过程中，教师内在的策略就是能巧妙地将师生活动紧密围绕材料而产生互动。因此，教学过程设计最终形成的是综合的、富有弹性的教学方案。教师在课前就对自己设计的方案思路、目标、过程娴熟于心。课堂上教师表现得很轻松，更多的是在倾听。

教学设计不只是教学过程的一个阶段。在教学前、教学中和教学后等各种场合都存在教学设计。课堂上教师的即时表现就构成教学设计的一个重要部分，而学生的临时发挥也成为设计的新起点。教师要在教学情境中，及时对教学进行感知、判断和操作，按照在教学情境中产生的问题和过程特点实施教学设计方案。这个时候由于师生没有与教学情境相分离，就能进行体现出教学现场的方案设计。当然，在教学过程中教学设计并不否定课前设计的重要作用，相反，教师要根据情形随机变化，这也构成一种预设，不同的是这里的预设是一种多种策略的准备，并确保在教学过程中顺利实现。总之，重新认识了体育教学过程的动态性特征，在教学设计时就不能保持一种静态设计，而要积极体现一种动态设计的能力。另外，我们要坚持教学过程的动态生成与预设有机统一。课堂教学强调预设，强调严格按教案进行上课，这有利于课堂教学组织的系统性和计划性。但是，很多教师过分强调教学生成的重要性，从而导致体育课堂教学不重视课堂教学的设计，或者只需要一个粗线条的“软设计”。

（五）重视有效动态的时空性

动态生成不是盲目生成，它必须围绕“课程与教学目标”来生成，必须考虑教学时间的有限性。生成的“目标制约性”是判断课堂教学是否是有效生成的关键，任何课堂的有效动态生成都必须围绕课程与教学目标来进行，如果没有这一“目标制约性”，那么动态生成就很容易导致盲目生成。课堂教学是在有限制的时间进行的，如果一节课教学的大部分时间都处于“动态生成”的状态，而抛开了“教案”备课的具体内容，这会导致教学的系统性、累积性严重破坏，这也将有损于学生的最终发展。在现实的教学中，如果抛弃了“预设”，而一味地追求动态生成，将其视为一种教学的“时尚”，这就偏离了生成性的本质，也难于取得好的教学效果。例如，投掷实心球教学中，老师正在指导学生练习。另外一个班级的学生正在进行篮球教学比赛，学生的注意力被篮球比赛吸引，无心进行投掷实心球。这时，老师灵机一动，对学生说，今天我们就来投投篮球吧。如果问这节课生成了什么，那唯一的答案就是生成了一个新的教学内容。因此，教学机智行为并不都能带来“有意义”的教学生成。

教学过程的动态生成必须统一于教学课堂教学的时间性和空间性。从空间上来看，应该围绕预设的教学目标和教学内容；从师生互动的客观存在来看，必须有互动的载体即教学活动；从时间上看，教学目标何时动态生成，何时达到学生自主发展的目标，必须统一于体育课堂教学中。

第四章　体育课堂教学与管理

第一节　体育课堂教学概述

一、体育课堂教学的含义

课堂教学，俗称上课，教育史上称为班级授课制。它是将学生按年龄、文化程度编成班级，每班有固定的学生数、固定的教师、固定的教室，由教师按固定的课程表，组织与指导全班学生学习的教学组织形式。

在欧洲中世纪学校里，教学偏重个别传授，到了中世纪末期，由于工商业发展对教育方面人才的需求，向学校提出了新的课题：扩充教学内容、扩大学生名额，产生了班级上课的形式。在17世纪，捷克教育家夸美纽斯最先在理论上加以总结，以后班级上课的形式继续发展，逐步完善。

二、体育课的类型与结构

进行体育课的设计与组织，首先应分清体育课的类型和基本结构。体育课的类型与结构和普通课类型与结构具有共同点外亦有自己不同的特点。从类型上看，无论如何分类，体育课总是以实践为主体的课。从结构上看则表现出鲜明个性特点，下面我们就目前我国学校体育课教学中常采用的结构模式略做分析。

（一）三部分结构模式

这种结构模式分成准备部分、基本部分和结束部分三大部分，基本部分又可分成两个小的部分，即：技术教学部分（主要完成技术教学）和身体锻炼部分（主要发展身心素质和运动能力，增加参与度），有利于教学目标的全面实现和重点突破。

（二）六段教学结构

这种结构是根据学生在课上身心活动变化的规律，分为六段，其模式为引发动机阶段—满足运动愿望阶段—适当降低强度、保持活跃情绪阶段—发展运动技能阶段(掌握技术)—身心恢复调整阶段—小结和布置作业阶段。六段教学结构适用于小学和初中的体育课。

(三)按练习顺序安排的结构

这种结构不分阶段和部分,而是根据人体机能规律练习和休息的合理交替,使练习按一定序列连续地进行。这种结构主要是侧重学生学习情绪与心理活动的调节,以调动学生练习的主动性。

三、体育课的组织与实施

完整的体育组织实施包括备课、具体组织实施(上课)、检查与总结等基本环节组成。

(一)体育课的准备

体育课的准备,又称备课。备课是指教师上课前的教学准备,是上课的先决条件。备好课不一定能上好课,但备课不充分,上课的质量无从保障。教师在备课时要做好以下工作。

1.钻研教材

第一,要研究体育教学大纲(课程标准),根据本学科总的教学目标及各单元、本节课的具体教学目标,领会教学的基本要求,教材的体系范围与深度;第二,要研究教科书,掌握多项教材的重点与难点及其前后的联系。

2.了解学生

学生认知的准备状态和身体发展水平是教学的起点,为使教学充分促进学生的发展,教学活动应切合学生的实际。因此,教师要全面了解学生的知识基础、认知能力、身体健康状况、运动能力水平、学习态度兴趣需要及个性特征。

3.设计组织教法

根据教材性质、教学任务的要求及学生的情况、场地器材条件,设计合理的教学方法、手段和确定教学活动的类型和结构。

4. 编写教案

教案即课时计划。教案是对师生课堂上预期的教学活动的设计和描述，也是对每一堂课具体深入的教学准备。编写教案是备课的最终结果。教师要在钻研教学内容和了解教学对象、设计组织教学的基础上编写教案。体育课的教案是教师进行课堂教学的直接依据，完整规范的教案一般包括以下几个方面的内容：教学目标、教学内容、本节课教学重点、教学方法、运动负荷及场地器材等，有的教案中还有课后记录等内容。

5. 准备场地、器材

准备好场地、器材是上好体育课的物质保证，教师要认真地做好场地的规划和器材的布置工作

（二）课的具体组织与实施

课的组织与实施也就是上课。上课是教师对一定班级的学生实施教案的活动，是体育课堂教学的中心环节和最重要的实践环节。要上好课，就应注意以下几点。

1. 目的明确

教学目的既是课堂教学的出发点，也是教学活动的归宿。教学的目的，不仅教师要明确，而且应使学生了解它，以便使教学活动能在教学目的的指导下有序地进行。

2. 内容正确

这是圆满完成教学任务的主要保障，正确的教学内容，应该体现科学性与思想性的统一。

3. 方法恰当

根据体育教学的目的和任务，遵循学生认知和身心发展规律，以启发式为教学指导思想，灵活选用教学方式，以充分调动学生学习的积极性，传授知识与发展智力相结合，教书与育人相结合，统一要求与因材施教相结合。

4. 教学组织严密

一方面，要使教与学密切配合；另一方面，教学活动要结构紧凑，科学地分配时间，以提高教学效率。事实上，教学的组织设计是与教学管理设计分不开的。

第二节　体育课堂教学组织与管理的具体内容

一、体育课堂教学组织与管理的概念

所谓体育课堂教学组织与管理，也就是按照一定的目标，在某种管理思想指导或影响下，通过一定的教学组织形式和机构，对教学活动进行安排，加以规范，对教学资源进行合理调配和使用，以保证教学活动健康有序的展开、教学计划的完成、教学质量的稳步上升和教学目的的实现。学校是整个教学组织与管理的主体，教学的组织与管理是学校整个工作的中心，它依赖于学校系统内部各要素的协同构建。

二、体育课堂教学组织与管理的原则

（一）面向全体学生原则

体育课堂是面对全体学生，每一个学生都是体育课不可忽视的，不要一味地抓尖子、保中间，而忽略了后进生的发展，后进生是体育课堂的一个分子，他们更需要体育，让他们的技术技能得到提高，心理与社会适应得到发展，培养每位学生终身体育意识是体育课堂教学义不容辞的。

（二）规范性原则

组织与管理是有规律可以遵循的，并不是随意的，而是有一定的章法。在体育课堂上要用规范的纪律来约束学生，做到合理、公正、科学。所以建立具有约束力的课堂常规制度是体育课堂管理的一项原则。规范性原则的表现形式是主要表现在体育课堂常规上，体育教师要有常规，比如制定各项教学计划，提前备课，提前安排器材等，学生的常规如服装要穿运动服，上课要站队等，师生共同的常

规,如师生问好,教师的教与学生的学互动等。所以说有一个好的课堂常规,就能使体育课堂更加规范,能更顺利地进行体育教学。

(三)教育性原则

教育性原则要求体育课堂中各项活动要对学生起到教育作用,对学生尽到教育责任。如对学生的体育成绩考核过程,不但要体现出学生的体质能力,更应该有时代性,对学生的教育与社会同步,社会要求什么,体育教学就要努力去实施,比如通过体育活动增加学生的爱国意识、合作意识、竞争意识,还要学会适应社会的能力。在体育竞赛活动的管理过程,要使学生树立公平竞争的观念,培养优良的体育道德和作风,养成遵守纪律、遵守规则、服从裁判的素养,对学生的奖励与处分都要达到教育的目的。

(四)遵循学生身体生长顺序性原则

学生的身心教育过程是一个循序渐进的过程,即有一定的逻辑顺序,所以学校体育课堂管理也是有序的。例如,在小学阶段,不要超出学生的生理负荷,不做大强度的运动,少进行力量性练习。随着学生年龄的增长才慢慢实施,这就是遵循了学生的身体发育规律,施加正常的课堂教学。

(五)有效性原则

体育课堂短短的45分钟,而且一周仅有两到三节,所以体育课堂的有效性是非常重要的,如果不能有效的利用则起不到锻炼作用。要有效地利用课堂,就要合理的设计课堂,减少随意性,有效地发挥学生的主观能动性,调动他们的积极性,让学生以饱满的热情投入到体育课堂中来,从而获得最佳效果的体育课堂教学。

总之,各项原则之间的相互关系是一个有机整体,贯彻国家教育方针政策原则要求抓住根本,是体育课堂的指挥棒。面向全体学生原则要求总揽全局,是保证每个学生受益的前提:规范性原则是管理的保证;教育性原则是抓好管理的基础;遵循学生身体生长顺序性原则是管理的要求;有效性原则是管理目标。

三、体育课堂组织与管理的途径

(一)运动技能学习的组织与管理

体育活动的重要标志就是要身体参与活动,而且需要有一定的技术为支撑,所以,运动技能的学习是体育课堂的首要任务。下面讨论如何组织与管理运动技能学习。

1.引入

学习一项技术需要老师进行设计、按照教学目标然后把学生引入学习状态,这是满足不同年龄、不同心理特征的需要,导入的方式也因此不可以千篇一律,可以用多种方式导入,如情境导入,故事导入,比赛游戏导入等,还要注意导入要有目的性,与下面学习内容有关联、有启发。

2.讲解、示范

讲解、示范是体育教学的一个重要环节,以前学生技术学习之前一般有老师的示范,但是在现行自主学习形式下,示范与讲解可做适当调整,可以采用:学生自主探究学习—示范讲解,也可以采用自主探究学习—示范讲解—自主学习的方式。毫无疑问,后者是最理想的。在这一环节中,也就是在学习技术学习前要加入师生之间的讨论,老师设置一定的情境,发挥学生的发散思维,目的是让学生积极主动的学习。

3.技术学习中老师点拨

学习在练习中提高技术水平,但是死学或者没有指导的学都将影响学习速度,而老师的点拨就可以克服这一缺点,能迅速突破教材重点与难点,迅速掌握运动技术,例如进行支撑或跳跃等技巧学习时,点拨时机应该把握以下几点。第一,有动作错误,及时点拨,这样可以避免错误动作的再次出现。第二,练习前点拨,这样学生在练习时可以把注意力放在老师的要求上。第三,学习有心理障碍时点拨,这样,可以提高学生的自信心,帮助学生正确体会用力感觉,也能避免伤害事故的发生。

(二)体能发展的组织与管理

体能发展是身体健康学习领域中一个重要的目标和内容,包括运动技术的学习,良好锻炼习惯的养成等,其目的就是发展学生的体能,这是体育活动的特征,所以,发展体能是体育课堂的重要任务之一。发展体能可以通过运动技术学习、游戏活动、身体素质练习等手段来实现,另外,实现体能的提高不是仅仅靠一周的几节体育课,而还要靠课外体育活动,甚至要终身体育锻炼,所以重要的是教师要教会学生体育锻炼的自我组织与管理。

一般来说,体能包括速度、力量、耐力等方面,其中,提高速度是指移动速度,但速度的提高是缓慢的,对学生的要求较高,在一定程度上影响着体育课堂教学的组织与管理。因此,提高速度要注意合理安排速度练习的时间与顺序,要与运动项目特点及要求相结合,还要合理安排运动负荷。而耐力的提高在体育教学中一般采用长跑这一项目,而学生对这一项目非常反感,所以要注重培养学生的意志品质,提高学生的心理素质。在教学时要多变换耐力练习形式,提高学生的积极性,如长跑采用游戏练习、越野跑、在田径场上进行“M”型跑。

(三)分组学习的组织与管理

体育课堂分组教学是教师常用的教学形式,而且,学生的学习也是在小集体的形式下学习的,在学习过程中,要求有学生之间的合作学习,相互协助,相互鼓励,相互取长补短。体育教学中的分组通常分同质分组、异质分组、友情分组、帮教分组等,每一个小组称为一个小集体,每一个小集体有一个小组长统一管理本组,组员之间有明确的分工,每一个小集体又有相同的目标、相同的兴趣等。在体育课堂教学时,对于小集体的组织与管理,可以采用“四个自由”方法组织教学。

1.自由组合

学生小集体组合往往有自己的原则,一般包括三个特点,一是相似性,如兴趣、性格、技能水平等;二是相近性,如同桌、上学放学同路等;三是互补性,如学习需要对方的帮助等。老师要尊重他们的选择。

2.自由选择练习方法

练习方法应该是多样的,来适应多样性的个体差异,如果采用强制性的练习方法则会限制学生特长的发挥，所以应该允许学生自由选择练习手段。这就出现练习手段相近的学生组合到一起，他们在一起练习，更能适应自己层次的学习需要。

3. 自由选择练习内容

学生的兴趣爱好、特长不同，他们对体育内容的喜好也不尽相同，所以在体育课堂教学内容的安排上要多样化，给学生选择的空间，喜欢就多练，不喜欢就少练。

4. 自由交往

这一组织与管理方法体现了社会适应目标，要让学生在体育课堂上学会交往，让他们在宽松的环境中学习。

（四）纪律的组织与管理

纪律体现在学生的行为，课堂纪律是课堂上要求学生所必须遵守的，以保证体育课堂的顺利进行，学生的行为则直接影响课堂纪律的好坏。因此，加强体育纪律的组织与管理不仅有助于维持良好的课堂教学秩序、约束和控制有碍学习的问题行为，而且有助于激励学生潜能的释放，提高学习效率。

1. 狠抓课堂常规，形成良好行为习惯

行为良好的课堂常规不但可以避免课堂的混乱，更重要的是能让学生知道怎么去做，下一步应该怎样作为课堂的组织节省大量时间，保证课堂有效进行。相反，如果不注意课堂常规的建立，只凭不断提高临时的指令来维持课堂纪律，就容易造成效率低、时间不够用等问题。

2. 加强行为教育排除行为问题

体育课堂上并不是每个学生都是积极的、乐观的、向上的，而是也存在着一些负面行为，如活动漫不经心、感情低落、师生关系不好、不喜欢参与活动等，这些统称为行为问题。其产生原因主要有老师不合理的教学，学生对体育课堂目标认识不足，体育基础差，自身健康不良等。所以说，学生课堂问题行为的产生是多方面的，表现也是多样的，对问题行为进行教育应找出问题行为的原因，采取措施加强行为教育。

3.发挥集体作用，加强行为教育

不良的行为其常常会受良好班级的舆论影响，要发挥集体的作用，加强班风的建设非常重要。所以，体育老师应该注意培养和形成良好的集体氛围，并发挥其正面的教育作用。

4.合理处理体育偶发事件

体育课堂中的偶发事件大多是危险事件，远多于其他学科，一般包括身体受伤、器材的损坏、天气的突变，也有个别不遵守纪律和学生扰乱课堂教学秩序等。在课堂上如果遇到这样的问题，老师要保持冷静的头脑，灵活地处理，视不同情况而定，妥善解决。

加强体育课堂教学的组织与管理是一门艺术，需要老师不断积累经验，提高自身能力，采用科学的教学方法，安排合理的教学内容来驾驭体育课堂教学，巧用于组织教学，努力创设一个宽松、民主、愉快、和谐的教学氛围，激发学生的学习兴趣，吸引学生以积极饱满的热情投入到课堂活动中来，从而实现课堂教学的最优化，把体育课堂组织和管理有条不紊，这样才能保证课堂教学有序进行。在日常教学中，可将组织教学与教材特点有机结合，改变传统中千篇一律的组织教学形式，变学生被动地接受为主动的学习，从而充分发挥每个学生的主动性和创造性，提高教学效果。

四、体育课堂教学组织与管理的基本内容

（一）队形与队列的安排与调动

队列队形是教学组织的重要手段。课中合理地安排与调动各种练习队形，不仅能严密教学组织，而且还能培养正确的姿势。课堂教学从开始到结束都离不开队列队形的组织和变换，因此，在组织和调动队形时应注意以下几点。

1.把握好运用时机

应该明确什么时候变换队形，如何变换，变换时应注意什么问题。一般情况下由讲解向示范转换时，或由一个练习转向另外一个练习时，或者变换练习地点时都可能发生队列队形的变化。

2. 根据项目特点、教学内容来合理安排与调动队伍

活动性游戏较多采用圆形队伍；田径中的跑一般采用两路纵队，投掷练习一般采用面对面；体操项目一般采用纵队练习等。

3. 队形安排

队形安排应有利于教师讲解、示范、指导，有利于学生观察，有利于教学顺序的安排。并使学生背光、背风、背干扰，符合卫生与安全的要求。

4. 调动队伍

调动队伍时应尽量缩短时间，并使学生积极配合课中各项活动队伍调动，做到步调一致，提高教学效率。

（二）教学组织形式

体育课堂教学常见的教学组织形式主要有个别教学、班级教学、分组教学三种。其总趋势是以班级教学为基本形式，向多样化、综合化和个别化发展。具体来说，从理论与实践上进一步完善班级教学，同时也施行分组教学、小集团教学，以弥补班级教学制的不足，加强个别化教学。

1. 个别教学

个别教学作为世界上最古老的一种教学组织形式，之所以至今仍有它存在的价值，就在于这种组织形式真正意义上照顾了学生的个体差异，使学生的潜能得到充分发展，有利于因材施教，有利于培养学生的自学能力、独立思考能力等。但由于其效率低，难以适应教育普及的需要，由于缺乏学生间的互相交流和学习，不利于学生的社会化发展。

2. 班级教学

班级教学又称班级授课制，是体育课堂教学的基本形式。这里的“班”不仅仅是传统意义上的“行政班”或“自然班”，也包括对它进行改造后形成的“班”。从目前来看，体育课堂教学的班级编制形式有多种形式，一种是把一个年级的学生编成若干个班叫单式班级编制；另一种是把两个年级或两个年级以上的学生编成一个班叫复式班级编制。还有的是按运动水平、体育兴趣、性别等标准划分班级的。

班级教学的优点主要有:第一,一名体育教师同时教40~50个学生,受教育的学生多,体现出教学的高效性;第二,学生能用较快的速度来掌握体育知识和技能,从而完成统一的教学计划,体现出教学的实效性;第三,能较好地发挥教师的主导作用;第四,便于体育教师对课堂教学进行管理。

班级教学的不足:第一,难以照顾学生的个体差异;第二,不利于学生探索精神、创造能力和实际操作能力的培养;第三,学习者之间缺乏明显的联系。

3.分组教学

分组教学是把一个班分成若干小组,教师以组来进行指导的教学形式。这种教学既保留了班级教学的长处,又能在一定程度上解决区别对待的问题,即教师可以根据各个小组的不同特点进行不同的指导。这种分组通常是以学号、身高来进行的(机械分组)。每组指定有小组长,通常起着"小教师"的作用。近年来,随着教学改革的不断深入,在体育课堂教学中也涌现出多种分组方式。

(1)同质分组。所谓同质分组,是指分组后,同一小组内的学生在体能、运动技能、兴趣爱好等方面大致相同。因此,可以按体能状况、运动技能水平、性别、兴趣爱好等进行分组。优点在于能增强活动的竞争性,符合学生争强好胜的性格,提高学生参与活动的兴趣,但这种以运动能力为划分标准的分组还会使学生产生优劣感,甚至造成学习意欲的下降。

(2)异质分组。异质分组是指分组后,同一小组内学生在体能和运动能力方面均存在差异。它不同于随机分组,它是人为地将不同体能和运动技能水平的学生分成一组,或根据某种特别需要对"异质"进行分组来缩小各小组之间的差距,以利于开展游戏和竞赛活动。

(3)友情分组。友情分组是在学生有自主选择练习伙伴儿的情况下,大多数学生会选择与自己关系较为密切的同学在一起进行练习,这就是友情分组。在友情分组中,由于学生相互之间的信任度高,依赖性强,思想一致,因此,在学习过程中更能发挥各自的作用,形成合力,凝聚力强。

(4)帮教型分组。帮教型分组将运动技能水平有较大差异的学生分到一组,使水平高的学生直接对其他学生进行帮助,以达到帮、带的目的。这种分组形式所达到的教学效果要比教师一人对众多学生进行指导好得多,同时这种形式也是主体学习的一种体现。但不可忽视的是,帮教型分组易导致帮助者产生优越感、被帮助者产生自卑感的现象,因此,在运用时应慎重。

分组教学的优点:①有利于因材施教。分组教学能根据学生的不同能力水平，甚至不同的兴趣分成几个小组，对不同的组提出不同的要求，采用不同的教学方法进行教学，能适应学生的能力和要求，照顾了学生的差异。②有利于教师组织教学，提高教学质量。

分组教学也存在不足，主要是不利于学生个性的健康发展，能力强的学生易滋生骄傲情绪，能力差的学生会产生自卑感。

(三)教学场地、器材的布置

场地器材是体育课堂教学不可缺少的物质条件，是实现课堂教学目标的物质保证，科学合理地布置场地器材，不仅能充分利用场地、器材，增加学生练习的次数，合理安排课的密度，而且能创建优良的教学环境，提高学生练习的兴趣和积极性。因此，进行场地器材布置时应注意以下几点。

(1)应符合卫生和安全要求，严防伤害事故的发生。

(2)应便于教师对学生的指导，有利于队伍的调动。

(3)应有利于变换练习内容，提高学习效率。

(四)课堂控制

为了保证课堂教学活动按照计划一步步朝着实现课堂教学目标的途径运行，体育教师必须监控课堂教学活动的效果，必须随时将达成目标与预先设定的目标进行比较，一旦出现偏差，应及时采取纠偏措施，使课堂教学活动回到正确的轨道上来。对课堂进行管理控制的过程主要包括确定课堂教学目标、衡量实际达成目标情况、分析偏差产生的原因、采取纠偏措施等。

(五)课堂违纪行为的预防控制

课堂违纪行为的预防控制是在违纪行为产生之前，采取措施优先实施预防性管理，避免或减少违纪行为产生的可能性。它主要取决于明确的课堂常规和行为标准、促成学生的成功经验、保持良好的课堂环境、建立和谐的师生关系等。

(六)对违纪和偶发事件的处理

违纪是指学生违反课堂纪律或课堂有关规定的行为。而偶发事件是指在教学过程中教师没有预料到的突然发生的事情。尽管体育教师对课堂教学组织与管理严密，但这两种情况在课堂上是无法全部避免的，教学中一旦出现学生违纪现象或有偶发事件发生，教师要迅速反应及时控制，态度冷静，果断处理。

第三节　体育课堂教学管理的方法

一、场地器材使用管理

任何体育活动都是在一定时间和空间内进行的，体育场地是运动空间的具体形式。体育场地的数量和质量直接影响到体育活动的质量和效率。在某种意义上说，离开了体育场地，学校体育课程就无法正常存在。除了体育场地之外，多数体育活动的开展还需要特定的器材作为重要手段，配备充足的体育器材与合理使用体育器材可以提高锻炼效果，使体育锻炼更具有趣味性和实效性。因此，合理设计、充分利用、有效开发体育场地和器材资源，是提高体育教学质量的重要条件之一，也是体育教师应该具备的重要的教学技能。

（一）体育教学场地管理

1.体育教学场地布局和使用的基本要求

（1）安全性。体育锻炼的目的是增强身体健康，如果因为场地问题使学生身体受到伤害，那就失去了体育锻炼的意义。因此，体育场地在布局和使用中首先要考虑的问题就是安全性。体育教学中要保证学生在安全、宽敞、舒适的环境下进行运动技能的学习和身体锻炼。体育场地要宽敞、平整，硬度适中，场地内没有障碍物和不利于运动的物体存在。投掷项目的投掷方向尽量朝空旷地带或“无人区”。在跳跃项目的落地区一定要有沙坑或垫子等。

（2）趣味性。场地的布置和利用一定要考虑学生的能力、兴趣和爱好，考虑学生的心理特征，以激发学生对体育运动产生浓厚的兴趣。如小学的体育场地应注意突出外观效果，以鲜明的色彩，明快的线条，有趣的图片等吸引学生对锻炼场地的注意力。大学生已接近成人，体育场地的标准化程度更高，可以接近或使用标准的竞技体育场地。总之，根据不同年龄阶段学生的特点来设置和利用体育场地，是保证体育教学质量的重要条件之一。

（3）目标性。体育课程的目标体系包含了身体健康、运动技能、心理健康等多个学习领域，但是体育教学多元化目标的实现有赖于运动技能的学习和身体锻炼的过程，所以，体育场地的布局和使用要有利于教学目标的实现，特别是要有利于运动技能的学习和身体的锻炼。要根据教学内容和教学目标合理安排场地的使用，保证每个学生都拥有适宜的练习空间和人际交往空间，保证练习场地的充足与合理，从而保证体育、学习目标的有效完成。

(4)教育性。高校的任何工作都与育人有关，在体育场地的布局使用上也是如此。体育场地的设计、布置和使用要体现以人为本和育人为上的理念，注重环境因素对学生潜移默化的影响和教育作用。如运动场周围的墙壁上可以书写“发展体育运动，增强人民体质”，“到阳光下，到操场上，到大自然中去陶冶身心”等标语口号。场地的地面要整洁、卫生，没有杂物污物，使人心情愉悦；场地上的标志线要醒目、整齐、简洁等，以令人赏心悦目的体育教学环境，给学生以美的感受，陶冶他们的情操。

2. 不同教学内容场地布局和使用的特点与注意事项

不同的体育教学内容在场地布局和使用上具有不同的特点，有的内容对场地条件要求较高，如篮球、网球；有的内容则要求较低，如田径、徒手操；有的内容需有专用设施，如器械体操；有的内容则随处可练，如“拳打卧牛之地”。了解不同内容在场地布局和使用方面的特点及注意事项，有利于体育教学质量的提高。

(1)球类教学场地布局和使用的特点与注意事项

①球类教学场地布局和使用的特点。大多数高校由于受场地面积的限制，球类场地的布局往往不像竞技体育场地那样规范。一个篮球场上常常安装不止一对篮球架，羽毛球场地有时也会布置在篮球场中间，甚至在田径场地中间也会设置篮球场和排球场，这种布局在竞技体育的场地中是没有的，这也是学校体育场地的一个明显特点。

球类项目的教学活动一般都在固定的球类场地上进行，这些球场一般都画有固定的标志线。因此，体育教师可以充分利用球场上各种已有的标志线和区域开展教学活动。以篮球教学为例，一般情况下，传球教学可以成四列横队在球场中间进行；投篮教学可以围绕限制区或三分线进行；行进间传接球可以在端线以外成纵队向球场内进行；准备活动可以充分利用场地线进行各种路线和图形的跑动，如跑方形、跑 8 字、跑对角线、跑蛇形等。

②球类教学场地布局和使用的注意事项。校园如有两个以上球类项目的场地，则应该将场地尽量集中安排在一起，至少也应将相同的球类项目场地安排在

一起，以便教师开展教学活动和对学生进行有效的指导。

球类项目中跑、跳活动较多，因此，教学场地要求平整、硬度适中、无杂物，以保证学生在运动中的安全。许多学校把篮球场铺成砖地，时间一长，容易部分区域凹陷，甚至高低不平，而且地面很硬，并不是理想的球类场地。在没有铺设塑胶场地的学校，沥青地面或者质量较高的土地面也是不错的选择。

场地旁边如是校园围墙，则应该把围墙加高，以防球打出墙外，造成不必要的麻烦。尤其是排球场地更应注意这一点。

球类项目的场地上最好画上固定的标志线，这样可以减少平时上课画线的工作量，便于体育教师开展教学活动。

球类项目的设施如篮球架、排球网、乒乓球台等，应当牢固、结实、耐用、美观，并应当经常检查维修，确保使用安全。

在较大的足球场地上教学时，如不是进行教学比赛，教师应在场地上做出一些标志，确定活动范围，防止出现学生活动范围过大，教师无法对教学活动进行有效的调控。

(2)田径教学场地布局和使用的特点与注意事项

①田径教学场地布局和使用的特点。“田径”两个字本身就已经概括了田径场地的基本特点，即田赛项目在空间较大的空地上进行；径赛项目在类似小径的跑道上进行。学校如没有标准或非标准的田径场地，选择一片平坦空地便可开展跳与投的活动，选择狭长、平坦的土地便可开展走、跑类的活动。学校中的田赛场地要考虑到教学的实际需要，如跳远沙坑可以适当增加宽度，能允许两人并排跳远；跳高场地可以布置成十字形，四个小组同时练习；投掷方向要面向无人区，要有足够的场地空间等。基层体育教师在教学实践中创造了很多田径教学场地布局的实例，可以给我们很多借鉴。

②田径教学场地布局和使用的注意事项。走、跑类的教学活动，应选择平坦、硬度适中的地面进行。快速跑的教学，跑道长度一般应在25～30米以上。耐久跑的教学可因地制宜，根据具体情况在有限的场地上设计不同的跑动路线。

跳远、跳高的教学，落地区一定要有沙坑或垫子，为方便教学，可以左右相邻设置2～4个落地区同时进行练习。

投掷项目教学的场地使用，一定要把安全放在第一位，场地的布局使用及练习方法要确保学生安全，不发生伤害事故。最好不要安排学生面对面投掷，投掷方向应朝向无人区。使用实心球进行面对面投掷时，相对同学之间要留有足够的距离。

当在篮球场上进行田径内容的教学时，应注意充分利用场地的长度和宽度，为增加长度，可以考虑使用对角线进行快速跑练习。若进行耐久跑教学，则可在场地上设计多样的跑动路线，如利用篮球赛场上的标志线进行8字形、对角线、方形、蛇形、螺旋形等多种路线地跑进，不仅因地制宜，而且妙趣横生。多种变化的跑动路线和活动方式，可以有效增强长跑的趣味性。

(3)体操教学场地布局和使用的特点与注意事项

①体操教学场地布局和使用的特点。体操项目通常包括单杠、双杠、支撑跳跃和技巧等。单、双杠属于固定体育设施，一般多呈直线并排安装。教学时学生一般多呈横队站在器械两边观察动作或等待练习。跳箱、山羊、垫子等器材可以临时布置并用后搬离。支撑跳跃教学场地一般多并排布置，学生成纵队同时进行练习。技巧的教学场地布置较为灵活，可以根据学生人数多少把垫子布置成直线、圆形、弧形或方形等。

体操教学的场地布局，无论以何种形式出现，一般都比较集中，以便教师帮助保护和观察情况，同时也有利于学生之间的相互观察与合作。

②体操教学场地布局和使用的注意事项。体操练习场地的地面要平坦，相邻器械之间要有足够的间隔，支撑跳跃和技巧项目的相邻器械中间要有2～3米以上的间隔距离；相邻单、双杠之间最好有3～4米以上的间隔，周围4米以内最好没有其他物体，以免影响练习。器械的安装要牢固、耐用，器械的下面和支撑跳跃的落地区要有垫子等。

在布置这些项目的练习场地时，首先要注意便于教师观察情况和指导学生练习，在器材中间留有足够的空间距离等，在此基础上可以进一步考虑布局形式上的美观。有的教师把支撑跳跃的练习场地布置成圆形，四个方向各有一个器械，看起来很新鲜，但教师在中间最多只能观察到两组学生的练习情况，顾及不到全体学生的练习，这种场地布局形式就不可取。

(4)操、舞与武术类教学场地布局和使用的特点与注意事项

①操、舞与武术类教学场地布局和使用的特点。操、舞与武术类项目教学场地的布局和使用特点是灵活多变，简便易行，没有特殊要求。只要有一片足够大的空地，便可开展这些项目的教学活动。教师可根据空地的大小和学生的人数，灵活设计练习的队形，合理充分地利用场地。一些条件较好的学校建有室内健身房，在室内进行操、舞和武术类教学时，要注意充分利用场地，利用墙壁上的镜子及其他设施，以增强教学效果，提高教学质量。

②操、舞与武术类教学场地布局和使用的注意事项。操、舞与武术类项目教

学场地要平坦，有足够的空间，由于这类教学活动常常使用音乐伴奏，所以最好远离教学区，以免影响其他班级的文化课教学。

操、舞与武术类项目教学要求学生注意力高度集中，所以场地周围最好没有或较少有干扰因素。要尽量保持场地的整洁和美观，努力营造一个令人身心愉悦的教学环境。

如果是在不规则的场地上进行操、舞与武术类项目的教学，应该根据学生人数多少和场地的形状、大小来确定上课的队形。原则是应能使所有学生清楚地观察到教师的示范动作，相邻学生之间要有足够的间隔距离，以保证学生能正常进行练习。

3.体育场地资源的开发与利用

目前，我国还有部分高校在体育场地的建设方面尚不够发达，因此，充分合理地开发与利用体育场地资源具有重要意义。

(1)改造现有场地，提高利用价值。可以根据学校现有体育场地的情况，因地制宜地进行改造，使其更加适合学生开展体育活动。

(2)合理布局场地，提高利用效率。要根据高校开展体育活动的实际需要，合理布局体育场地。既要满足体育教学的需要，又要满足课外体育活动和学校比赛的需要；既要确保学生活动时的安全，又要保证学生有足够的活动空间。例如在田径场半圆内设置篮球场或排球场，在篮球场内设置排球场使二者兼用；在平坦的道路上或其他自然地形中设置跑道；在边角空地上设置体操器械或砌乒乓球台；在大树上设置爬绳、爬杆；农村学校可以利用现有的树木、沟渠、土岗等地物地形，设计障碍跑的练习场地等。

(3)利用地理资源，开展体育锻炼。我国幅员辽阔，地貌多变，充分利用当地的自然地理资源开展体育锻炼是大有可为的。例如利用湖泊可以游泳；利用山地可以爬山；利用荒原可以远足、拉练；利用树林可以开展定向运动；利用田野可以开展越野跑和跳跃练习；利用沙丘、沙地可以滑沙、打沙滩排球；农村学校可以利用学校周围的田野、树林等地理环境，开展简易的定向越野活动等。

(二)体育器材的使用与开发

很多体育教学内容要使用专用的器材，如跳绳、跳箱、跳高架、篮球、排球、实心球、单杠、双杠、跨栏架等。有些体育项目离开了器材就失去了存在的意义，如篮球、排球等。在体育教学中合理地使用体育器材，充分挖掘和拓宽体育器材的使用价值，可以有效激发学生对体育运动的兴趣，加强体育锻炼的效果，提高体育教学的质量。

1. 目标性

目标性是指要紧紧围绕本节课的教学目标、教学内容使用体育器材。例如在学习新教材时，要提供尽可能多的器材，以满足学生练习的需求。在教学比赛时，只提供比赛使用器材即可。使用体育器材时，要根据教学目标大胆创新，勇于改革，以取得最佳的课堂教学效果，但要防止背离教学目标的创新和改革，犯华而不实的错误。例如，不切实际地把生活用品甚至食物引入体育课中充作器材就是例子。

2. 安全性

安全性是指器材的使用应充分考虑学生在练习时的安全因素。一是要考虑到器材本身的安全性；二是要考虑到器材在使用过程中的安全性。如器械安装要牢固且符合学生的身体要求（双杠的高、低、宽、窄等）；投掷项目要根据学生的投掷能力与水平，画好安全线和投掷线；沙坑应疏松平整；使用武术器械时要让学生保持一定的距离等。保证学生在舒适、安全的环境条件下，轻松愉快地进行练习，严防伤害事故的发生。

3. 趣味性

趣味性是指器材的使用要考虑到学生的兴趣、爱好，有利于激发学生对所学内容产生浓厚的兴趣。器材安排与使用要合理有序，新奇实用，使学生每堂课都有耳目一新的感觉，使他们心情愉悦且跃跃欲试，从而激起学生对体育课的兴趣。这不仅有利于学生掌握运动技能，而且还愉悦了身心，促进学生身心得到和谐发展，也有利于促使学生养成自觉坚持锻炼身体的良好习惯。

4. 针对性

针对性是指根据教学的具体需要，学生的体育兴趣和爱好，学生的身体素质和年龄特征，有目的地选择和使用体育器材。例如，要根据学生的年龄特点选择使用与他们年龄相称的球类的重量与大小；根据学生的年龄、身高等特点，确定单、双杠，跳箱等器材的高度和宽度；根据学生的力量情况选择合适重量的实心球、哑铃等。

5. 实用性

体育器材的使用要因地制宜，因陋就简，从实际出发，讲求实用和实效。尤其是经济欠发达地区和条件较差的高校，要最大限度地发挥现有器材的作用，并创造性地设计、制作简易“器材”。充分利用学校或学生现有条件，巧妙设计与自制器材，拓展现有器材的多种用途，为学生从事体育锻炼创造有利条件。

二、队列队形管理

队列队形练习是体育教学的重要组成部分，在体育教学中合理应用队列队形能有效组织调动学生活动，有助于完成教学目标和提高教学质量。通过队列队形练习，可以培养学生的组织纪律性和增强集体主义观念。

队列队形练习应遵循由易到难、由简到繁、循序渐进的练习原则。队列练习在教学中虽然只有短短的几分钟，但其作用和意义很大。长期坚持下去会使师生之间配合更加默契，教学衔接更加紧凑，有利于振奋学生的精神，促进体育教学水平的提高。

(一)体育课常用队列练习

1.立正

口令:“立正”

动作方法:学生听到口令后，两脚跟靠拢并齐，两脚尖向外分开约一脚之长；两腿挺直；小腹微收，自然挺胸；上体正直，微收前倾；两肩自然下垂，手指并拢自然微屈(拇指贴于食指的第二节)，中指贴于裤缝或大腿外侧；头要正，颈要直，口要闭，下须微收，两眼向前平视。

2.稍息

口令:“稍息”

动作方法:左脚顺脚尖方向伸出半脚，两腿自然伸直，上体保持立正姿势。稍息过久，可自行换脚，但应先恢复立正姿势，再换脚。

3.整齐

(1)向右(左)看齐

口令:“向右(左)看——齐”

动作方法:听到口令“向右(左)看——齐”后，基准学生不动，其余学生向右(左)转头，眼睛看右(左)邻同学的腮部，并通视全线。后列学生先对正，后看齐。

左右间隔一拳，前后距离一臂，身体姿势保持正直，用碎步迅速移动看齐。

(2)向中看齐

口令："以XX为基准，向中看——齐"

动作要领：听到"以XX为基准"口令后，基准生左手握拳高举。听到"向中看——齐"后，基准生将手放下，其他学生按照向右(左)看齐的动作要领向中看齐。

(3)向前看

口令："向前——看"

动作要领：听到口令后，基准生不动，其余学生将头转正，恢复立正姿势。

4. 报数

口令："报数"

动作方法：从右至左依次以短促洪亮的声音转头报数(最后一名不转头)，右列最后一名报"满伍"或"缺X名"；纵队报数时，从前向后报数，按上述报数要领进行体育课中，为了教学的需要，往往用指定数字报数，或几列同时报数。方法同上，但教师应事先说明，如："一至三——报数""各列——报数"等。

5. 集合

(1)横队集合

口令："成一(二、三……)列横队——集合"

动作方法：教师站在预定队形中央前方，面向站队方向成立正姿势，下达口令。学生听到口令后，跑步面向教师集合。基准生首先跑到教师左前方适当位置成立正姿势，其余学生随基准生依次向左侧排列，站成指定队形，自行对正、看齐，成立正姿势。

(2)纵队集合

口令："成一(二、三……)路纵队——集合"

动作方法：教师动作同横队集合。学生听到口令后，基准生迅速跑到教师正左前方适当位置成立正姿势，其余学生以基准生为准，依次向后重叠站成指定队形。

6. 解散

口令："解散"

动作方法：听到口令后，学生迅速立正，离开原位。

7. 向左(右)——转

口令:“向左(右)转”

动作方法:以左(右)脚跟为轴,左(右)脚跟和右(左)脚前脚掌同时用力向左(右)转体 90 度,体重落在左(右)脚上,右(左)脚靠拢左(右)脚;转体时,两腿挺直,上体保持立正姿势。

8. 踏步

口令:“踏步——走”

动作方法:听到口令后,两脚在原地上下起落,抬起时脚尖自然下垂,离地面 15 厘米,上体保持立正姿势,两臂动作与“齐步走”的要求相同。

9. 齐步走

口令:“齐步——走”

动作方法:听到口令后,左脚迈至约 75 厘米处着地,第一步稍大而有力。重心随即移到左脚,右脚依此法行进;上体正直,手指自然并拢微屈;两臂前后自然摆动,前摆时,前臂微向里合,手约与第五衣扣同高并不超过衣扣线。行进速度每分钟约 120 步。

10. 向后转

口令:“向后——转”

动作方法:听到口令后,右脚前掌稍微抬起脚跟着地,左脚前脚掌着地,两腿自然伸直,上体保持立正姿势,双手紧贴两腿外侧。身体向右后方向转体 180。,然后左脚向右脚靠拢成立正姿势。

11. 立定

口令:“立——定”

动作方法:齐步走时,听到“立——定”口令,左脚向前大半步着地,两腿挺直,右脚取捷径迅速靠拢左脚,成立正姿势。

跑步走时,听到“立——定”口令,继续跑进两步,然后左脚向前大半步(两臂不摆动)着地,右脚靠拢左脚,同时将手放下,成立正姿势。

踏步时,听到口令,左脚踏一步,右脚靠拢左脚,原地成立正姿势。

12. 跑步变便步

口令："便步——走"

动作方法：跑步换便步时，听到"便步——走"口令后，动令落在右脚，继续原地跑两步，第三步两臂自然放下，换成便步走的动作。

13. 左(右)转弯走

口令："左(右)转弯——走"(原地起动则为"左(右)转弯齐步——走")

动作方法：听到口令后，基准学生立即向左(右)转走，其余学生逐次行进至基准学生变向的位置时，亦向左(右)转向新方向跟进。

横队左(右)转弯走时，左翼第一名原地踏步，并逐渐向左(右)转动；左(右)翼第一名以大步行进，注意不要挤左(右)翼学生；其余学生向右(左)翼取齐，不转头，并始终保持规定的间隔，越接近左(右)翼的学生，步幅越小。全体转向新方向后，原地踏步再下达"前进"或"立定"的口令。

14. 行进间向后转走

口令："向后转——走"

动作方法：口令"走"的动令落在右脚上，左脚向前一小步作为缓冲，重心在两脚之间，两脚前脚掌着地并迅速向右后方向转体 180°(成右脚在前左脚在后)，按口令节奏左脚迈出第一步。

(二)队列练习的教学建议

1. 提高学生练习兴趣

有的学生会感觉队列练习单调乏味、兴趣不高。这就要求教师要以身作则，严格要求，端正学生学习态度。善于发现并及时解决练习中发生的问题；正面教育、鼓励、表扬和帮助。

2. 采用多变的形式，取得最佳的练习效果

原地、行走和跑动中，做各种队形练习。在检查学生个别动作时，可以一个接一个或三四个学生分列做，便于教师检查和指导。

3. 多人示范

由于队列和队形练习是集体练习，以多人示范动作，才能达到示范效果。如队列练习的"左转弯走"动作，第一列四个排头怎么走，最左边和最右边同学脚步移动方法、速度、转体速度、眼睛的观察等方法是单人示范不清的。这时教师可带领第一排或充当左边排头学生四人一起示范。使学生既看到每个人的动作，又看到互相配合的排面的变化，产生立体直观的视觉效果。

4. 注意口令的运用

口令是教师完成队列队形练习的重要语言工具，是必须执行的口头命令。教师应不断提高口令技能的应用水平，提高队列练习的质量。

（三）体育课常用队形

1. 四列横队队形

四列横队是体育教学中最为常见的上课集合队形，无论是上课前的整队还是教师在讲解示范时，学生基本上在教师的视线范围内，有利于教师教学组织和管理，不足之处是这种队列形式的后排学生视线受到一定的限制，如果让前二排学生蹲（坐）下，就不会影响后面学生的视线，这样效果会更好。有些教师让女生站在前面，男生在后面，便于教师男女兼顾，也有的让男生站在前面，女生在后面，这种做法便于教师更好管理男生。具体男女生谁在前，谁在后，要根据教师个人习惯和教学管理需要来确定。

2. 双列式队形

双列式队形是在四列（路）横（纵）队队形的基础上变化形成的，或者由教师直接指令学生站成规定的队形，这种队形有利于学生对教师示范讲解的观察。例如，教师讲解和示范球类项目技术动作时，两侧的学生更容易听清和看清教师所讲解的内容和动作示范，这种教学队形在教学中经常应用。双列式队形要注意两队相隔距离不能太近，一般相隔 5～6 米左右，如教学需要可以更大一些，否则会影响学生的视线。

3. 八字与弧形队形

这两种队形有共同处也有不同处。八字队形通常在教学投掷时运用较多，此队形学生不但能看清和听清教师的讲解和示范，更重要的是较为安全，学生在教师位置的两侧稍后。弧形队形在投掷教学中也可采用，在跳高教学中有许多教师也往往采用这种队形进行课堂教学，学生可以从不同角度观察技术动作和讲解。

4. 方形或长方形队形

方形队形在教学中运用的也较多，非常方便教师的教学组织，学生无论在任何位置都能看清教师的讲解和示范，也便于教师的教学管理。例如，上技巧课时，四组练习各占一个练习区域，这样教师在场地中间就可以观察到各组练习情况。长方形队形在篮球教学中较为常见，学生可沿篮球场边线和端线做各种跑动练习，也可以站在线上面向场内，做徒手操和模仿性练习，学生之间又能相互观察和交流。

圆形队形在教学中应用也较为广泛，圆形队形可以增强师生间的亲和力，课中临时集中又能省去不必要的队伍调动时间。学生在任何位置都能看清教师的示范，同时，学生之间也能相互观察，而且也有利于调动学生学习的积极性和兴趣。例如，技巧课、舞蹈课就常用圆形队形，也可应用于课的开始部分的热身活动和结束部分的放松活动。

5. 散点式队形

散点队形更能体现学生的自主性和教学的灵活性。教师对个别小组和区域练习组的指导、评价等运用该队形较为合适，而且具有灵活性。许多练习如篮球的运球练习，单个项目的自由结合及游戏活动等，都可采用散点队形，这种练习形式体现以学生为主体，培养学生学习的自觉性，促进学生个性的发展。

总之，教师要根据教材、人数、教学组织和场地器材布局的需要灵活运用队形。教师要勤思考善动脑，在平时教学中加强对学生这方面的训练，使学生明白调动队伍的意图，减少不必要的混乱，达到师生心灵相通的境界，使体育课队形真正起到为教学服务的作用。

三、动作示范方法

(一)动作示范的含义

动作示范是体育教学中最常使用的直观教法。它是教师把教材内容通过形体动作展示给学生,使学生能够直接观察到动作的结构、顺序、方法和要领的一种教学行为。示范的主要目的在于给学生提供一个可以模仿的对象,让学生初步形成对所学动作的视觉表象,帮助学生了解动作的基本特征,形成正确的动作概念。

兴趣是人对某种事物的特殊欲求倾向,并力求积极参与该事物的心理特点,兴趣有利于形成良好的学习氛围,有助于学生对教材的学习和掌握。正确、优美的示范动作不仅可以帮助学生建立正确的动作表象,还可以激发学生的学习欲望,引发学生对所学动作的学习兴趣,营造一种跃跃欲试的学习氛围。例如当学习技巧中经手倒立前滚翻的动作技术时,教师娴熟、优美的手倒立和前滚翻动作示范,不仅使学生了解了这一动作的完整形象,同时也有效激发了学生对学习这一动作的热情。因此,体育教师具备完成正确动作示范的能力,不仅有利于教学目标的完成,同时也有利于激发学生的学习兴趣和热情。

从某种意义上说,学生学习运动技能的过程大多是从观察和模仿体育教师的动作示范开始的。运动技能示范是体育教学中最常用的直观教学手段,也是最方便、最经济的运动技能演示方式,应该成为体育教师必备和重要的教学技能。

(二)示范的时机与位置

1. 示范时机

(1)不同示范时机的作用和意义。示范时机是一个教师在什么时候作示范的问题。一般来说,在不同的时机进行动作示范具有不同的作用和目的,只要是符合教学和学生的需要就是适宜的示范时机。例如教师在课的开始首先做一个漂亮的动作示范,可以起到吸引学生注意力和激发运动兴趣的作用;在学生练习之前进行动作示范,是为了让学生产生初步的动作视觉表象,给学生一个模仿的范例;在学生练习之中做示范,可以帮助学生纠正动作错误,进一步明确动作要领;在课的结束时做示范,具有总结评价和帮助学生形成正确的动作概念的作用。

掌握好动作示范的时机,有利于充分发挥动作示范的作用,在不同的时机进行动作示范，要注意根据示范的目的不同而采用不同的示范方法。例如完成导入性的示范，目的在于吸引学生注意和激发学习兴趣，所以动作要漂亮、潇洒、优美；为学习动作技能而进行的示范，目的在于给学生一个准确的模仿对象，所以，动作要准确无误，并注意示范的位置、速度和示范面；在学生练习中进行动作示范，目的是纠正错误和明确要领，可以进行重点示范、分解示范或正误对比示范。

“不愤不启，不悱不发。”在学生渴望看到教师示范的时候，或在学生注意力比较集中的时候进行示范，一般来说会取得较好的教学效果。因此，营造一种让学生期待示范的时机和氛围，对于提高示范效果具有非常重要的意义。体育教师要学会准确把握示范时机，合理营造示范时机，努力提高示范效果。

(2)示范与讲解的组合方式及其效果。讲解与示范是体育教学中运用频率最高的教法，也是最常结合起来运用的教法。讲解与示范的组合方式是指二者结合运用时的时间结构，即二者出现的先后顺序。显而易见，讲解与示范可能的组合方式只有三种，即先示范后讲解、先讲解后示范和边讲解边示范。

从学生的角度审视讲解和示范的组合方式，这实际上是一个学生在感知动作时先听还是先看的问题，归根结底也是一个直观与语言如何结合的问题。不同的组合方式会产生不同的作用与效果，会影响学生对教学信息的接收和理解，尤其是对讲解内容的理解和记忆。心理学知识告诉我们，人们对客观事物的感知过程中，如果有较多的感觉器官参与活动，可以大大提高感知的效果。从这一角度看，边讲解边示范的组合方式可以使学生的视觉与听觉同步活动，很容易把讲解内容和动作联系起来，建立较为清晰的动作表象，非常有利于学生获得较多的知识储存和动作记忆。但遗憾的是，这种组合方式只适用于部分教材，更多的体育运动技能，由于动作本身的时空特征及人体生理特征的限制，无法采用边讲解边示范的方式。

从学生建立动作表象的心理过程来看，由于视觉的清晰度较高，视觉表象建立迅速，所以视觉成分在动作表象中往往占据主要地位。教师首先通过示范让学生建立有关动作的视觉表象，然后通过讲解加深印象，继而通过身体练习逐步建立技能的动觉表象，最终形成动作概念。如果不示范先讲解，动作表象储存有限的学生很难仅根据语言建立动作表象，对抽象的讲解内容的理解也必然受到负面影响。如果一个教师在教授双杠挂臂撑屈伸上这一动作时，在学生还没有看到示范的情况下，先去讲解什么“伸腿，制动，压杠”等技术要领，学生们很可能会喊道：“老师，先做一个让我们看看吧！”因为此时他们无法把教师的讲解内容与动作形象发生联系，会对讲解内容感到陌生、抽象与难以理解。所以，在学习陌生的动作技能时，在所学运动技能不能边讲解边示范的情况下，先示范后讲解这种组合方式应该成为首选的组合方式。

在动作本身条件允许的情况下，边示范边讲解有利于学生接受和理解教学信息，建立动作表象，是较为理想的讲解与示范组合方式，也应该是体育教师的首选组合方式。先示范后讲解比先讲解后示范更有利于教学信息的有效传递，有利于学生对讲解内容的理解和记忆，在无法边讲解边示范的情况下，先示范后讲解是更为合理的组合方式。

2.示范位置

示范位置是指体育教师示范的地点与学生之间的空间关系。示范位置的选择要注意尽量使所有学生都能清楚地看到教师的示范动作，即体育教师的示范位置应与全体学生的距离保持基本一致，而且要照顾到后排的学生也能看到教师的示范动作。如在武术教学中教授基本动作时，一般采用四列横队队形，教师应站在横队两端与教师形成的等边三角形的顶点位置进行示范。如果是进行武术套路练习，必要时教师也可站在队伍的左前方或右前方示范，即站在套路前进方向的一侧进行示范。又如短跑的起跑教学，教师应让学生站在起跑线的两侧观察教师示范，这能使学生的视线始终随教师的示范动作移动。实践证明，这几种位置的示范方法最能让学生便于观察教师的示范动作。

一般情况下，下面的示范位置是比较合理的位置。

当学生人数较多，横排面超过四排时，最好让前面两排学生蹲下，以保证后排学生能清楚看到教师的动作示范。例如在进行技巧动作的教学时，教师的示范位置较低，要想让学生清晰地观察到教师的示范，前排同学应该蹲下。

在确定示范的时机与位置时，还要考虑到阳光和风向等环境因素的影响。一般来说，教师做示范时应该让学生背对太阳和背对风向，以免强烈的目光和风沙影响学生对示范动作的观察效果。

合理确定示范的位置和方向，可以保证学生能清晰地观察到示范动作的完整面貌。因此，教师在示范前，应注意分析动作的主要结构和技术特点，要考虑学生观察动作的角度，还要考虑学生的人数和队形分布特点及环境因素的影响，以便合理确定恰到好处的示范位置。

（三）示范方法

根据示范所展示的动作结构是否完整可分为完整示范和分解示范；根据示范

的速度可分为常速示范和慢速示范；根据示范的正确与否可分为正确、错误的示范（正误对比示范）等。体育教师应根据示范的具体目的来确定具体的示范方法。

1. 完整示范法

这是教师把整个动作完整连贯地进行演示的一种方法。这种方法有利于学生形成完整的动作表象，有利于保持所学动作的完整性和连贯性。教师在教一个新的教材时，先进行一个正确优美的完整动作示范，能够帮助学生建立正确完整的感性认识，激发他们的学习热情，积极主动地投入学习当中。例如，在学习支撑跳跃某一动作时，教师在讲授前先做一个正确优美的完整性示范，可以消除学生特别是女生对支撑跳跃的惧怕心理，从视觉上体验到动作的美感，激发学生跃跃欲试的心理，从而积极主动地投入到学习中去。又如跨越式跳高在第一课时的教材导入时，运用完整示范法，可以使学生观察到跨越式跳高的完整形象，帮助学生建立完整的动作概念。

完整示范法适合于结构较简单的动作，但不适合相对较难和动作技术较复杂的动作，因为这会影响到学生对动作的整体把握和理解。所以对于结构比较复杂的动作，运用完整示范时，可采用辅助设施，降低动作难度，突出重点地进行示范，以免对学生造成学习的压力和惧怕心理。例如在教跑的技术时，可以先缩短跑的距离，教支撑跳跃时先降低器械的高度，教投掷项目时先降低投掷物的重量等。

2. 分解示范法

这是教师根据教学的需要，把完整动作合理分解成若干部分，根据教学的重、难点，有针对性地进行示范的方法。把学生较难掌握的动作环节提炼出来，便于学生集中时间和精力突破教材的重点和难点，利于学生掌握动作。但是这种教学方法会使一个完整动作的整体性和连贯性遭到破坏，割裂动作各环节的内在联系。

在学习较复杂的运动技能时，要合理地把动作分解成几个部分，有重点地示范其重点和难点，然后再逐个地进行示范和学习。例如原地正面掷实心球，在课堂教学示范时，可分成两个部分：一是用力前的预备姿势，二是最后用力将实心球掷出。第一部分看起来简单，又是一相对静止的动作，但实质上该技术动作对于后面的掷球动作来说，是一个很重要的衔接技术，学生理解和掌握了该动作，对学习正面掷实心球意义很大。因此，我们在教学时，应对每一个动作的技术环节做出合理的分解，并进行规范的示范。再例如把快速跑的技术分解成起跑和起跑后的加速跑、途中跑、终点冲刺和撞线；把跳高的技术教学分成助跑起跳、过杆落地；把支撑跳跃的技术教学分成助跑踏跳、腾空落地；把篮球行进间投篮分成徒手跨步、跨步接球、起跳投篮等。在学习过程中，教师要讲清楚每个环节在整个动作技术中的位置，使学生明确该环节和整个动作的关系。随着教学进程的发展，分解示范应越来越少，完整示范应随之增加。

对于学生来讲，可以对他们进行动作技能的分解示范，帮助他们了解技术细节，但不要过多地进行分解练习和技术细节的练习，以免造成动作技术的脱节和影响练习的兴趣。把本来并不太复杂的动作过多地分解练习，其结果只能是把生动活泼的体育课变成机械式的操练，使学生对练习失去兴趣和积极性。

3. 常速示范法

这是为了使学生初步了解新授的完整动作而采用的正常速度的演示，目的是使学生建立一个完整的动作概念。常速的连贯演示，能使学生体验到运动的魅力，激发强烈的求知欲。例如在太极拳的教学中，应先用正常速度把整套动作示范一次给学生看，使学生初步了解太极拳的完整动作结构，领略我国传统武术项目的精神风貌和特点，然后，再根据该次课的任务，进行其他形式的示范教学。

常速示范由于速度较快，有时不利于学生了解动作技术的特点和动作的完整面貌。此时可使用直观教具进行辅助示范，如录像、图解等，以弥补常速示范的不足和增加讲解的实效性。

4. 慢速示范法

这是为了使学生能够清晰地观察完整动作，减慢原来动作的正常速度和节奏，从而降低动作难度，促进学生对动作关键环节的掌握而采用的示范方法。在教学中要恰当地选用慢速示范法，在新授教材时，对于动作的难点和重点要尽量放慢速度示范，并且要和讲解配合，如技巧中的滚翻动作、篮球的传球动作、排球中的垫球动作等，都可放慢速度进行示范，以利于学生观察动作和明确动作要领。

放慢示范速度是为了让学生了解动作的重点、难点和细节，在练习时要尽快进入常速练习，不能过多停留在慢速阶段，以免影响对动作的正确理解和掌握。

5. 对比示范法

这是教师为提高学生判断、分析能力而采用的相似技术动作的对比和正误动作之间对比的示范方法。在教学中，教师要正确把握每个动作的技术关键和结构，合理地选用对比示范，通过相似动作的对比示范，促进学生对动作的有效学习，通过正误对比示范，帮助学生辨别正误动作，预防和纠正错误动作，加深对正确动作的理解和掌握。例如支撑跳跃的踏跳动作、前滚翻的团身动作、徒手操和武术中的一些动作等，都可采用对比的方法帮助学生形成正确的动作概念。

采用错误的示范动作时，不要有意模仿出现错误的同学的动作，也不要把错误动作夸张，以免伤害学生的自尊心。

（四）示范方向与示范面

1.示范方向

当示范者身体有位移存在时，如快速跑、左右滑步移动、投掷中的助跑、立定跳远等，示范动作位移的方向对示范效果有一定影响，不恰当的位移方向会影响学生对动作的观察和理解。一般来说，教师动作的位移应当成左右方向移动，而不应当朝向学生或背向学生移动。例如在进行快速跑、高抬腿跑、跨步跳等动作的示范时，教师应当侧对学生跑进或跳跃，使学生能观察到教师跑进的速度和动作特征。而在做篮球侧滑步的动作示范时，则应面对学生完成动作，使学生观察到侧滑步的动作要点。有的教师背向学生做高抬腿跑的动作示范，此时学生只能看到教师的背影，而对高抬腿的腿部动作特征和身体姿态等却观察不到，这就失去了示范的意义。

2.示范面

示范面是教师做示范动作时自身身体结构与学生视线之间的关系。确定合理的示范面，应注意分析动作的结构、位移方向、技术要求等，还要考虑学生观察动作的角度。一般来说，可采用正面、镜面、侧面和背面示范等。

（1）正面示范。这是教师面对学生进行示范的方法。通常是显示左右和上下移动的动作，适用于一些简单易学的动作。教师在教学示范中，示范的方向应根据动作的结构和要求、学生观察动作的部位而定。教师应尽量把示范动作的方向、路线与学生跟做的方向、路线相一致，根据生物力学中运动器官三个基本运动轴和运动平面的观点来确定示范面。在实际教学中，为了显示动作在左右方向上的移动和变化，多采用正面示范，如篮球防守中的左右移动，武术中的马步冲拳等。当动作是围绕身体前后轴运动时，教师就应该面对学生进行示范，如体侧屈运动就应采用正面示范，这样才能使每个同学都能看清楚教师左右上下移动的动作。当身体绕纵轴运动时，由于身体处于运动变化之中，一般可以从正面示范开始，在不同的位置结束动作。

（2）侧面示范。这是教师用身体侧对学生做示范的方法。它是体育教学中运用最广泛的一种示范方法，适用于动作简单、结构较复杂的技术动作。当动作呈现前后移动状况和身体绕横轴运动时，教师应采用侧面示范，如技巧动作的前滚翻、后滚翻、支撑跳跃；单杠前翻下；站位或坐位体前屈；跳远的起跳、腾空和人体在空中的移动路线；走和跑的蹬摆动作；武术的弓箭步弓步正压腿等。为显示动作在前后方向上的移动和变化，一般多采用侧面示范，如跨栏跑的“摆动腿”上栏动作和“起跨腿”后蹬、提拉动作等。

（3）背面示范。这是教师背对学生做示范的方法。一般用于某些方向、路线变化比较复杂的动作或身体各部位配合较难的动作。根据动作的结构和要求及要求学生观察动作的部位，教师的示范为绕前后轴运动时，可采用背向学生的方法进行示范。如武术中的器械套路、徒手操中较复杂的全身运动、艺术体操和健身操的套路动作等，这些项目由于动作方位变化多且没有规律，教师在教学中需要随时改变示范的位置和方向，因此，对这些动作或套路的学习，采用背面示范效果较好。

（4）镜面示范。这是指教师面向学生示范，示范动作的方向与学生练习方向相一致的示范方法。示范的方向和路线就像学生的动作在镜子中的成像。在教学中采用镜面示范有利于学生正确、整齐地模仿跟做，也便于教师对学生进行观察和指导。镜面示范法通常用于动作呈左右方向，路线较为简单的徒手操、武术和舞蹈动作等。

镜面示范对教师的示范能力要求较高，尤其是一些技术较为复杂的动作，做镜面示范并非一件容易之事，教师应进行事先练习，做好充分准备，才能在教学中完成准确的镜面示范动作。

（五）动作示范的基本要求

1. 明确目的

体育教师的每一次示范都要明确所要解决的问题。要根据教学目标、教学步骤及学生的实际情况，合理确定示范的内容、方法、示范时机、位置和示范面。盲目的示范，反而会分散学生的注意力，影响教学效果。

2. 动作正确

体育教师的示范动作应该是动作的典范，是学生模仿的范例，要力求正确、熟练、轻巧、优美，使学生对所学动作产生正确的表象。

3. 位置恰当

要注意示范面的合理、恰当，使每个学生都能清楚地看到教师的示范。在必要的情况下，教师应该及时调整位置，以保证示范的有效性。

4. 方向合理

要保证示范动作的方向和示范面的合理，使每个学生都能观察到动作的位移方向和主要动作特征，以便模仿学习。

四、运动负荷的组织与管理

在体育课中，学生身心都要承受一定的负荷，其中身体练习对机体产生的影响称为生理负荷；由各种刺激所引起的心理负担称为心理负荷。

研究体育课的负荷，对于保证体育课的顺利进行，促进学生身心健康发展，提高教学质量等，都具有重要意义。以前，在生物体育观的指导下，只注意对生理负荷的研究，现在随着心理学的发展及其在体育教学领域中的运用，人们已开始对心理负荷进行研究。这不仅丰富了体育教学论的内容，也促进了体育教学的科学化。

（一）体育课的生理负荷与心理负荷

1. 体育课的生理负荷

（1）量和强度是构成生理负荷的两大因素。负荷量是指有效练习总的时间、总的次数、总的距离、总的重量等。负荷强度是指练习对机体刺激的程度，做练习时用力的大小或者做练习时机体的紧张程度。在一般情况下，强度对机体的刺激敏感性更强些，在安排与调节负荷时，既应注意负荷量，更要注意负荷强度。负荷量与负荷强度的关系是对立统一的，它们共同构成生理负荷的总体，一般来说，成反比关系，即负荷量很大时，负荷强度应减小；反之，负荷强度较大时，负荷量应减小，其中时间长短是一个重要因素。

(2)内部数据与外部数据是生理负荷的两个层面。学生做完身体练习之后，心率、血压等都会发生变化，测得这些变化的数据，称为负荷的内部数据，而学生做练习的次数、总时间、总距离等，则称为负荷的外部数据。对于同一个学生来说，负荷的内部数据与外部数据是相对的。在不同条件下，负荷外部数据相同，内部数据可能不同，反之也如此。在安排和分析负荷时，既要考虑外部数据，又要考虑负荷的内部数据。

2.体育课的心理负荷

关于体育课心理负荷问题，目前国内外尚处在一个探索阶段。对心理负荷的测试与评价，难度较大，特别是量化指标的测定与评价，更处于研究阶段。

如同生理负荷一样，心理负荷也可以划分成负荷与恢复两个层面，无论负荷或恢复，都分别由量和强度所组成。

心理负荷量值的大小取决于下列因素。

(1)生理负荷的心理承受度——学生对外部负荷练习和强度(强度、密度、数量和运动项目的特性)的心理承受程度。正向反应心理承受度高，而负向反应对高强度负荷产生消极心理。

(2)艰险动作的心理无畏度——运动练习的难度和危险程度，对学生心理所施加的精神压力，自我所产生的无畏、抗拒的能力。正向反应是勇敢无畏；而负向反应，则是对难度技术动作产生恐惧心理。

(3)教学环境的心理适应度——学生对体育教学的自然环境，场地器材等设置的适应程度。正向反应是适应度高；负向反应则是对不良的体育设置所产生厌恶心理。

(4)教学方法的心理满意度——学生对教师的教学方法、组织方法和手段的心理满意程度。正向反应是满意度高；负向反应则是产生厌烦心理。

(5)人际关系的心理相容度——体育教学过程中的人与人的互相关心和相互的理解。正向反应是心理相容度高，负向反应则是对不良的人际环境产生相斥的心理。

(6)考核标准的心理激励度——指考核和达标制定的标准，形成一种条件激励的心理环境，其效应是对学生心理所产生的激励程度。正向反应是激励度高，负向反应是激励度低，易产生淡漠或心理负担。

(7)注意的集中度——注意是指心理活动对一定事物的指向集中。正向反应是注意集中，负向反应则是注意分散。

(8)意志的努力度——意志是人自觉调节自己行为去克服困难，以达到预定目的的心理过程，是人的意志能动的表现。正向反应意志努力程度强，反之则弱。

(9)情绪的活跃度——情绪是机体需要所产生的心理体验。正向反应是情感活跃，负向反应是情绪低沉。

不难看出，评价体育课的心理负荷，将取决于对学生的施教因素、环境因素、心理意向的心理度量值的大小。所以体育教学的实施，要特别重视心理因素对教学效果的影响。因为心理负荷与诸因素相关，一方面受学生体质状况和个性所制约；另一方面又受施教因素、环境因素的作用。然而运动负荷所产生的心理效应不能脱离心理过程而单独存在，必然又从注意、情绪、意志表现出来在体育教学中有许多的信息，对信息的科学管理也是提高教学质量的重要保障。

(二)体育课密度

1. 体育课密度的概念

体育课密度(亦称一般密度、综合密度)，是指一节课中有效利用的各项教学活动、教学辅助活动的时间与上课总时间的比例。有效利用的教学活动和教学辅助活动包括：直接用于学生学习掌握体育知识、技能，发展身体、教育学生的活动(如教师的指导，包括教师的讲解、示范、演示、纠正错误、个别指导)；学生实际从事运动动作的练习；学生的自练、讨论、分析，互相观察与帮助；练习时必要的等待和练习后的休息；组织教学活动(包括整队、调动队伍、交换场地，搬运、安装、分发和收回器材等)。上述五项活动中某项活动运用的时间与总课时之比为该项活动的专项密度，如学生实际从事练习的时间与总课时的比例为练习密度。

(1)练习时间。凡是课中有目的地学习掌握、巩固提高技术、技能，提高身体素质，提高运动能力的练习时间，通常均可算作练习时间，具体判断标准应根据教材和组织教学的特点加以确定。在我国体育教学实践中，一般是参照下列的判断标准。

基本体操：如果是先讲解示范后练习，学生做动作算练习时间，如果是边讲解示范边练习，整个过程算练习时间；跳绳、攀登和爬越，负重搬运和角力，从练习开始到结束都算练习时间。

器械体操：从开始姿势到结束姿势均算练习时间。如教师明确要求用跑步出入队列也算练习时间。

跑:从预备姿势开始到终点缓冲结束均算练习时间。如果要求跑、走跑交替归队也算练习时间。

跳跃:从开始姿势到离开沙坑或垫子等均算练习时间,归队同“跑”的要求。

投掷:从开始姿势到投出器械后身体恢复正常姿势为练习时间,出入队列同“体操”的要求。如要求跑步捡回投掷器材也算练习时间。

球类、游戏:单个动作教学,从动作开始到结束为练习时间。球类教学比赛与集体游戏,原则上整个过程都为练习时间,如果因为犯规,教师讲解、示范,学生站着不参加活动,应酌情扣除或不算练习时间。

武术:无论是动力性动作,还是静力性动作,从动作开始到结束均算练习时间。

队列练习:专门的队列练习,凡是按口令要求做的动作均为练习时间;组织教学中,教师有目的安排学生跑步取送器材、变换练习场地也为练习时间。

循环练习:原则上整个过程都算练习时间,如果出现中断酌情扣除。

(2)指导时间。凡是教师有目的地运用讲解、示范、演示、分析及个别指导等方式,指导学生学习掌握、巩固提高体育知识、技能的时间均为指导时间。一般是从开始讲解、示范、演示、分析,一直到结束均计为指导时间。

(3)分析与帮助保护。凡是学生用于进行自学、互相观察、分析讨论、互相帮助保护的时间为自学、分析与帮助保护时间。

(4)组织措施时间。凡是课中整队、调动队伍、交换场地、搬运、安装、分发和收回器材等,一般都为组织措施时间。但是,如果教师有意识地通过跑步或其他放松练习方式调动队伍、收回器材等可计为练习时间。

(5)休息时间。凡是练习后教师有意识地安排学生休息,或一个练习后等待下一次练习,即一次练习后直到下次练习开始均为休息时间。课中的不合理的时间是指消耗在与教学和教学辅助活动无关方面而浪费的时间,包括晚上课、早下课,因为课前准备不充分或课中教具的损坏及教师擅离教场地导致课中教学活动中断等。合理地组织体育教学活动,是可以避免这些浪费时间的。

在我国的体育教学中,比较合理的体育课密度比例一般是:教师指导占15%～20%;学生实际从事体育练习占30%～50%;学生分析、帮助与保护占5%～15%;组织措施占10%～15%;休息占12%～25%。这些只能做参考,不可照搬。因为体育教学中,教学目标、教学内容、学生条件、教师经验及教学环境等各有不同,所以在具体分析一节体育课的密度时,要根据一定的教学目标、教材性质、学生人数、场地器材、气候条件等具体情况,实事求是地进行分析。

研究课的密度是当前体育教学中比较容易进行的一种定量分析的方法。因此，它对于如何有效地利用上课时间，检查课中存在的问题，提出改进的方法，不断提高课的教学质量都有重要意义。

体育课的密度包括一般密度和练习密度。在日常体育教学中我们主要测定练习密度（又称运动密度），由于练习密度的测定方法简便易行，又最能直接反映体育课的教学特点和学生锻炼效果，对提高体育教学质量影响较大，因此是教科研人员评定体育课教学质量的方法之一。

2. 体育课练习密度的控制

体育课各部分活动时间分配不能机械地规定出固定的时间比例，应从这节课的教材特点和教学目标出发预设。以学生练习的时间为课的主要成分，教师要精讲多练，减少不必要的教学环节，力争学生做练习的实际时间能达到30％～40％（即练习密度）。体育课运动负荷量不但与练习密度直接相关，而且与强度的大小有密切联系，切不可盲目追求练习密度。课的练习密度是否合理，各项活动时间的相互关系如何，应根据本课教学目标、教材内容和学习对象的特点及场地器材、气候条件等方面而定。在安排与调节课的密度时，应注意以下几点。

(1)认真备好课是完成教学任务的基本保证。教师在钻研教材的同时要对学生身体状况进行全面的了解，万万不可为了追求练习密度而不考虑学生的情况。应根据教学目标和教学条件等，合理地确定与安排各项活动的时间。如新授课，教师指导的时间应相对地多些，学生做练习的时间就相应的少些，复习课则相反。

(2)改进教学方法和组织形式。教学方法要具有多样性和灵活性等特点，充分利用一节课进行有效的课堂教学，充分发挥学生自主学习的积极性和主动性.教学组织应尽量减少不必要的组织措施和队形调动。场地器材的布置要便于教学，器材尽量做到一物多用。

(3)在教育学生自觉维护课堂纪律的同时，又不失对其学习兴趣的提高和积极性的发挥，学生的个性发展应建立在教育目标上的发展。发挥体育骨干分子的作用，以便帮助老师做好教学小助手的工作。

(4)教学计划性和灵活性。课堂教学的设计是根据教材和教学目标预设的，在实际教学过程中与原教学方案会发生不协调的现象，一些(生成的)问题会随着教学的深入开展而逐渐生成，这时就需要教师灵活调整原先设计好的教学方案，力求教学目标更好地完成。

(三)体育课练习强度

1.体育课练习强度的概念

强度是指单位时间内完成的练习对人体生理负荷的影响,是由练习的数量、时间和难度因素决定的。例如,50 米跑练习要求一节课跑 6～8 次,虽然次数不多,但强度较大;在单双杠教学中,由于难度较大,造成学生心理负担程度远大于其他项目。所以课的练习强度大小与练习次数、时间和难度都有着密切的关系,教师在授课中不可盲目强求统一。

2.体育课练习强度的控制与调节

体育课练习强度的大小是受练习次数、时间和教材难易度影响而定的。过去评价一节课的好坏主要从运动生理指标来确定,新课程改革以来虽然不再强调以生理指标衡量一节课的优劣,但就课程性质而言,“体育与健康课程是一门以身体练习为主要手段、以增进学生健康为主要目的的必修课程”。所以,没有一定练习强度和运动负荷的体育课是达不到锻炼身体的目的的,如果练习强度过大反而会影响学生身体健康发育,因而合理安排练习强度应注意以下几点。

(1)认真备课是完成教学目标的关键。所以深入研究教材,了解学情,合理预设教学各部分练习时间、次数和要求。器材数量和高度都要根据教学需要做相应的增减(数量)和调整(高度),不可千篇一律要求每个学生,应因人而异有所区别。

(2)不同教材内容应采用不同的教学手段,难度较大的教材,要适当控制练习次数和增加休息时间。难度较小的教材,可适当增加练习次数和减少休息时间。例如,单双杠练习由于用上肢来支撑身体的重量,而且是在一定的高处完成动作,上肢手臂和心理负担都较重,应减少练习次数,增加间歇时间,讲究动作质量。

(3)体育教学应区别于竞技体育训练,教材难度低,学生身体素质较好,能承受较大的练习强度,相反,不考虑诸多教学因素一味地增加强度反而会影响教学的进行,还会发生一些不可预测的安全隐患。所以,在预设练习强度时教师应全面考虑各方面的因素,科学安排练习强度以保证学生身心健康发展。

3.体育课运动负荷的检查和评定

一堂体育课运动负荷的安排是否合适，要通过实践来检验和评定。通常采用观察法、自我感觉法、生理测定法检验和评定课的运动负荷。

(1)观察法。这是教师在课中常用的一种方法。主要是观察学生的呼吸、汗量、脸色、表情及完成动作的质量、动作的准确性、控制身体的能力和做练习的积极性等，发现运动负荷过大时应及时调整。

(2)自我感觉法。是教师在课后或课中了解学生对课的主观感觉来判断运动负荷的大小。自我感觉包括饮食、睡眠、肌肉酸痛程度、情绪和练习兴趣等。课后若无任何反应是运动负荷过小；饮食增加，睡眠香甜，肌肉有酸痛现象，经短期休息后即消失，精力旺盛，则运动负荷适当。如运动负荷过大，则食欲减退，睡眠不充分，全身疲倦无力，肌肉酸痛难受，并伴有恶心、头昏之感。

(3)生理测定法。是检查评定课的运动负荷最客观的方法。它包括脉搏、血压、呼吸频率、肺活量、吸氧量、体温变化、尿蛋白、血糖等的检查和评定。但这些方法比较复杂，在大学体育课中不易进行。因此，国内外通常用课中心率的变化情况来检查和评定课的运动负荷是否恰当，这叫脉搏测定法。

最适宜的心率是多少？大学体育课的合理心率应该控制在什么范围内？国内和国外都进行了广泛的研究和探讨，提出了许多评定运动负荷的指标和方法。但是由于世界各国的情况不同，就我国来讲，各地区的情况不一样，人与人之间存在一些差别，因此，不可能有一个共同的绝对指标，应该根据本地区、本学校学生的实际情况而定。

4.调节运动负荷的方法

(1)改变动作的速度、速率、强度等。

(2)改变练习密度。

(3)改变练习的条件(如改变活动范围、器械的重量和高度、附加的练习条件等)。

(4)改变练习的方法(如用循环练习法、增加竞赛因素等来增大运动负荷)。

(5)运用组织教法措施(如运用讲解、示范、组织学生观察、分析、提问、讨论等方法以降低运动负荷)。

五、教学秩序的组织与管理

(一)明确维持纪律与课堂管理的要求

体育课堂能否有序进行,与教师的管理密切相关,体育教师在平时的课堂教学中应建立良好的课堂组织纪律,建立一套明确合理的课堂奖惩规范,对课堂上出现的各种现象及时处理,努力形成良好的课堂教学秩序。

1.建立和一贯执行必要的体育课堂教学常规

为了使学生能较好地配合体育教师参与体育学习活动,在教学之初,教师就要向学生明确宣布要求学生做的和不允许做的行为要求,为了维持良好的课堂教学秩序,体育教师要防患于未然,尤其是刚刚开始上课的时候,一定要狠抓课堂常规的执行,待学生逐渐适应并形成习惯后,再使学生具有更多的灵活性。

2.及时妥善地处理课堂上的违纪行为

当学生在学习过程中出现违纪行为时,教师必须迅速做出反应并根据实际情况及时做出正确的处理。一般来说,如果一个学生只是消极地完成学习任务,教师不必立即公开处理,可采用沉默、皱眉、走近等方法处理。如果一个学生的违纪行为具有故意性质且已明显干扰到整个教学过程,教师必须立即处理,并按情况采取提示、暗示、制止,甚至惩罚的方法。如果学生是为了吸引教师的注意而出现违纪行为时,教师可以用不予理睬并用语言暗示来处理。总之,在处理学生的违纪行为时,尽量不要中断教学的正常进行,尤其是不要频繁地中断教学来处理个别学生的违纪行为,这样可以有效地保证教学的时间和效率。

3.正确运用奖励与惩罚的手段

为保证教学的顺利进行,课堂上运用奖励与惩罚的手段是必要的。奖励积极性的行为是维持课堂纪律最有效的方法之一。俗话说:“罚其十,不如奖其一。”当学生的积极性行为得到奖励后,这种行为将得到巩固强化并起到良好的示范作用。体育课中的奖励方式通常是非物质性的,如口头赞扬,口头表扬“真不简单”“大家看,XX同学做得很好”,或给一个满意的,赞许的目光和微笑等,同时为了维持课堂纪律,恰当而灵活的惩罚是必须要的,惩罚是体育教师发现课堂上学生有违纪行为时采取的一种措施和方法。惩罚的目的是为制止学生的违纪行为。因此,任何一名体育教师在进行惩罚时,都不应该带有偏激行为,更不应该进行人身攻击,要客观公正、严明有力、要使包括受处罚学生在内的班级所有学生都能心服口服。

(二)要制定科学合理的评价体系

随着体育课程教学改革的不断深化,我国学校体育从教学思想到教学模式、从教学内容到教学组织形式都发生了深刻的变革。这个变革迫切需要建立和完善与之相适应的体育教学质量监控保障体系,然而,多年来我国学校体育教学质量评价的改革一直是个薄弱环节,在教学质量评价的实践中,还存在诸多矛盾和问题,导致无法通过教学质量评价最终达到教学质量持续优化的目标,也严重制约了体育课程改革的整体成效。为此,随着体育教学改革的不断深入和发展,特别是“健康第一”“终身体育”教育思想的提出,深入开展体育课教学质量评价问题的研究,对于推动体育教学改革,提高体育教学质量,加强体育教学管理具有重要理论与现实意义。在对学生的评价中,越来越注重学生的过程评价,注重学生的努力和参与程度,淡化竞技成分,这样可以有效激发学生的学习积极性。

(三)善于运用情感感染的手段

体育教师要以亲切的态度去讲解知识;以优美的示范去感染学生;以关心、信任的态度去聆听学生的提问;以关心、热情的态度去帮助学生;以敏感、灵活的态度对待偶发事件,使学生在学习过程中感到亲切和温暖,得到鼓励、帮助。这样的课堂才能充满欢快和谐的气氛,才能实现师生之间的情感认同和沟通,达到师生情感共鸣,使体育教学有效进行。

(四)善于运用动作启示的手段

针对体育教学的独有特点,体育教师的手势、表情及走动等动作能有效传递管理信息,是课堂上师生能相互感知到的意识信号。体育教师的一个手势、一个示范、一个保护帮助动作,都会产生维持课堂秩序的无声效果,这是其他学科教学所无法比拟的,可以说是体育教学独有的特点。

学生分散练习时,体育教师的站态,与学生的空间距离和巡视等体态活动,也具有吸引学生注意力,起到组织教学的作用。在课堂中,体育教师可通过调整与学生之间的距离更好地组织教学。如有时教师可站在场地中间;有时可走到分组练习的学生中去;有时发现个别学生违反纪律,可在讲解的同时似乎是无意,其实是有意走到他面前,轻轻地拍一下他的肩,然后再用目光和表情告诉他不能这样做,均可得到良好的效果。

体育课堂管理是一门艺术,每位体育教师都要在教学实践中努力去驾驭体育课堂,既要严格管理课堂秩序,又不能过于死板苛刻,要灵活处理课堂上出现的各种挑战,有的放矢地面对各种情况。可以说,高度的组织纪律性是组织教学的前提,而欢快的气氛则是更好地完成教学任务的重要因素。教师在教学管理中的主要任务,就是积极地处理教学过程中的各种矛盾,对教学活动实行有效的控制,充分调动学生学习的积极性和自觉性。

六、教学信息的组织与管理

在体育教学中有许多的信息,对信息的科学管理也是提高教学质量的重要保障。

(一)在不同的教学目标下的不同课型中,讲解和练习的比例不同

(1)在新授课中,教学任务以学习新技术为主,教学的组织应以讲解和示范为主。讲解有引导性讲解、叙述性讲解、说明性讲解等;在新授课中的学习与练习都要求精确,练习的量要服从学习的需要,不是越多越好。练习种类主要有尝试性(体验性)练习、模仿性练习、对比性练习等。

(2)在复习课中,教学任务以熟练技能为主,教学的组织应以练习和素质锻炼为主。在复习课中的讲解是有针对性、画龙点睛性的,讲解量不能很大。

(3)在探究课中,教学任务是发现和探究问题,明白道理,因此围绕发现问题的引导性讲解是很重要的。教师与学生之间的问答也是很多的,练习则是尝试性的、验证性的、体验性的,练习量不能很大。

(4)在活动和锻炼课中,教学任务是身体的发展,讲解只是提醒性和指导性的,而练习的量是最重要的因素,要有较大的练习量。

(二)在不同任务的不同课堂教学阶段中,讲解和练习的比例不同

(1)在课的开始部分,教师主要采用简明扼要的讲解方式向学生说明本次课的任务,并根据本次课的教学目标安排准备活动。此阶段教师的讲解相对较少,

而准备活动则需要有必要的练习量。

(2)在课的基本部分的前半部分一般是技术学习，此阶段的讲解比较重要，而练习则是模仿性的、尝试性的，练习量不是很大；在课的基本部分的后半部分一般是技术的熟练，此阶段的练习比较重要，而讲解则是针对性的、画龙点睛性的，讲解量不是很大。

(3)在课的结束部分，教学任务是使学生身心得到放松和进行总结。在身心放松阶段以放松性身体活动为主，在总结阶段则以教师的讲评为主。

(三)在学习不同的教学内容时，讲解和练习的比例不同

有的体育教学内容技术性不强，但活动性强，如长跑；有的体育教学内容活动性不强，但技术性强，如体操和武术；因此在从事不同的教学内容时要根据教学内容的特点，很好地处理讲解和练习的关系。

第五章 大学生体质健康与运动保健

第一节 体质健康的概述

一、体质健康的测量与评价

(一)体质的测量与评价

1. 体质测量的研究内容与方法

体质测量是指选择能够客观地反映体质状况的各种指标和恰当的方法,对人体进行定量的测试,获得反映体质状况的资料,为更好地进行身体锻炼和促进健康成长提供科学依据。体质评价是对体质测试所得的资料进行科学的统计和分析,做出某一方面或综合的判断。

体质测量指标选择是否得当,直接影响体质研究的价值。研究的任务不同,测量的对象不同,在指标的选择上应有所区别,以此来提高测量的科学性。

体质测量通常包括以下内容和指标。

(1)身体形态发育指标

反映身体形态发育的指标有身高、体重、胸围、坐高、肩宽、骨盆宽、臀围、腿围、足长等,是人体生长发育的重要指标。在我国大学生体质测定中,身高、体重、胸围是必须测定的基本形态指标,其他指标可根据需要和具体条件加以选用。

(2)生理机能指标

生理机能是指人体各器官系统的功能状况,主要通过脉搏、血压、肺功能及心血管等指标,反映心血管系统和呼吸系统的生长发育和机能的发展水平。

(3)身体素质指标

第一,力量指标:握力、背肌力、腹肌力、腿肌力、仰卧起坐、单杠引体向上(男)、单杠屈臂悬垂(女)、双杠双臂屈伸、俯卧撑等。

第二,爆发力指标:纵跳(垂直跳)、立定跳远。

第三,柔韧性:坐位体前屈、俯卧仰体。

第四，灵敏和平衡性：反复横跨、10米×4往返快跑，闭眼单足立。

第五，耐力项目：耐力跑或快走1500米（男）、1000米（女），蛙泳或自由泳200米。滑冰1500米（男）、1000米（女），速度滑雪1000米。

(4)运动能力指标

第一，跳：急行跳远、立定跳远、跳高、摸高（弹跳力）。

第二，跑：快速跑（50米、100米）。

第三，投：投实心球、掷垒球、推铅球、投手球、投掷手榴弹。

2. 大学生的体质测量指标

(1)身体形态

在我国大学生的体质测定中，身体形态是以身高、体重、胸围指标的测定来确定的。

(2)生理机能

生理机能指标主要包括：安静时心率、血压、肺活量等。

(3)身体素质和运动能力

在测定我国大学生的身体素质和运动能力时，身体素质和运动能力的测试是无法截然分开的，既能反映出某一素质的发展水平，又能反映出某种运动能力。通常主要选择的是代表速度素质和奔跑能力的50米跑；代表女生腰腹力量和耐力的仰卧起坐；立定跳远，男1000米、女800米跑；体现柔韧素质的站位体前屈等。

3. 体质测量与评价的相互联系

体质测量与评价是对身体形态、生理机能、身体素质等身体综合能力进行测量与价值判断的一门应用学科。测量是基础和前提；评价是结果和目的。两者密切联系，不可分割。测量与评价是一个过程的两个方面。测量是将一些可以测得的物理、非物理量转换为数值或记号，进行资料汇总、信息搜集的过程。没有科学正确的测量作为前提，就不可能获得真实、可靠、有效的数据。评价则是对所获得的信息进行加工处理，通过科学分析做出价值判断，赋予被测量事物某种意义的过程。

体质测量是体质研究的基础，测量的准确性，将直接影响体质评价的科学性。如果数据不真实，即使评价方法再先进，也不可能得到接近实际情况的较为准确而客观的价值判断结果。

对个体体质的研究，是一个需要从多方位、多角度进行综合研究的一个比较复杂的专业领域，但是应用测量与评价理论，却是研究个体体质状况、促进个体体质增强不可缺少的基本的方法和手段。

（二）健康的测量与评价方法

现代健康观认为，健康是个体与自然环境和社会环境达到动态平衡，是一种身体与精神健康和社会适应良好的状态。实际上，绝大部分人在不同程度上处于不完全健康而又没有疾病的亚健康状态。所以，要想做到早发现和预防这种亚健康状态，增进健康，就必须定期进行健康测量与评价，以便及时采取保健措施，维护和促进健康。

1. 健康测量与评估的概念和原则

为了能具体客观地了解自己的健康状况，需要运用定量和定性的方法，对有关健康的各个方面，包括人体生长发育水平、生理机能、心理状态及对社会的适应能力进行测定的过程，即健康的测量。然后根据测量的结果和可靠有效的评价理论、评价标准和方法，对自己的健康状况做出判断与评价，这叫作健康评价。健康测量与健康评价，既有区别又有联系。健康测量是对人体健康事实的描述，健康评价则是对健康测量结果的分析判断。评价必须建立在测量的基础上，没有测量就谈不上评价；但是测量并不等同于评价，没有评价的测量毫无意义。

健康测量与评估的原则是指在健康测量与评价的过程中必须遵循的一些基本要求，它包括计划性原则、科学性原则、全面性原则、可靠性原则、综合性原则五个方面。

2. 健康的评价方法

（1）个体健康评价

个体健康评价主要是通过健康检查的结果，对检查内容进行分析与研究，预测个体可能存在的或潜在的疾病或高危行为，并根据评估的结果提出相应的干预措施。个体健康评估的主要内容包括：身体活动调查、体格检查、机能实验、医生同意书、既往病史、心血管疾病危险因子分析等几个方面。

（2）群体健康评价

群体健康评价是指针对社会、医疗、经济和卫生等多方面所能提供健康资源的评价。健康不仅仅是没有疾病或不虚弱，而是包括身体、心理和社会适应等方面的良好状态。影响群体健康水平的因素很多，涉及范围广，所以群体健康的评估体系相对复杂，评价内容和指标也较多。随着人们对健康认识的不断深入，从“生理、心理和社会”三维层面关注健康越来越被人们接受，现代医学对健康的评价模式也证明了人类健康将是多种因素联合干预的结果。但是目前常见的评估内容和指标主要包括：社会经济、卫生、社会保健等方面。

世界卫生组织倡导的多元健康观告诉人们要将被动的治疗疾病转变为积极的预防疾病；从单纯关注生理健康扩展到心理和社会健康；从个体健康评估延伸到整个社会的健康评价。

(三)体质健康测量与评价的意义

随着人们生活水平的不断提高，人人渴望健康，追求健康已经成为时代发展的必然趋势。社会发展以人为本，人的综合素质决定未来社会的发展。一个国家国民体质的状况是其潜在综合国力的重要组成部分。从社会发展的总体趋势分析，个体体质的改善和增强是国家经济发展的结果，也是社会发展的动力。通过定期进行健康检查，是了解身体发育程度、健康状况和身体机能水平的重要手段，是人体保健的基本措施之一，可以带给人们一个了解自身健康水平的结果。

此外，由于体质可以综合反映某个群体或个体在某个时期内身体发育、生理机能和运动能力等方面的基本状况和发展变化趋势。体质测量与评价在各级各类学校体育工作中占有重要的地位，是科学地锻炼身体的重要内容之一。因此，增强学生体质不仅可为国家发展提供健康的人力资源，也从另一个侧面反映了国家社会和经济等方面的发展变化。通过健康检查资料整理、分析与研究，为合理组织体育活动提供依据，对建立身体的健康档案，研究人体不同年龄阶段的健康水平的变化规律及时发现和预防疾病等方面具有重要意义。

学校开展体质测定及评价，主要围绕增强学生体质为中心进行，实施经常的体质测评，对于促进学校体育卫生的科学化、增强青少年的体质起着重要的作用。其目的为了克服教师在体育教学和学生在体育锻炼中的盲目性。主要意义如下。

(1)体质测试的数据资料，可为学校体育的教学提供科学依据，有利于教师根据学生体质状况安排教学，制定切实的计划大纲，实施因材施教，同时也利于教师客观地评定学生的体育成绩。

(2)学生能够及时了解自己的身体发育、生理机能、身体素质和运动能力的变化情况。引导学生关心自己的体质状况，促使他们经常参加体育锻炼。

(3)通过体质测试可以系统收集和积累学生体质状况的数据，了解学生体质变化的规律，有助于加强学校的体育科学研究，从而更好地促进学生体质的进一步提高。

所以，对个体体质进行测量与评价，是事关中华民族素质和社会主义现代化建设事业的一项具有战略意义的工作。

二、当代大学生的体质健康状况

大学生体质健康状况值得全国院校乃至国家重视，这关系到国民健康和国家兴旺。近年来，我国当代大学生超重与肥胖检出率有所上升；大学生的速度耐力、爆发力、灵活协调性、柔韧性、肺活量等素质水平均呈继续下降趋势，而大学生视力不良检出率居高不下。因此，提高大学生体质健康水平的研究就落在高校体育教育工作上。当然这项工作应得到学校与社会的支持。大学生健康状况概述如下。

(一)大学生的心理健康状况

近年来，有关部门就大学生的心理健康问题进行过多次调查和研究，结果都显示大学生中心理问题的发生率较高，情况不太理想。

他们中常见的心理问题主要有神经衰弱、焦虑、抑郁、强迫、适应不良、人际关系敏感及敌意等。

大学生中严重心理失控及自杀的发生也有逐步上升的趋势。据了解，某医学院因精神分裂症而退学的人数已占因病退学总数的一半，应引起大家的高度警惕。另外在某校大学生近三年的死因调查中，自杀仅次于意外死亡而排在第二位，明显高于因癌症及其他疾病所造成的死亡。

研究表明，大学生所承受的心理压力水平明显高于其他各职业人群。影响大学生心理健康的主要因素为考试成绩不理想、学习压力过大、家庭问题、人际关系、经济问题、身体患病及生理缺陷、恋爱及性问题等。

据某些高校的统计，目前在校大学生心理障碍的发病率高达30%～40%，许多同学在大学生活的不同时期都不同程度地出现因心理压力过大而产生心理焦虑现象，特别是相当部分的贫困生都不同程度地存在着自闭、自卑、社交恐惧等问题。

导致大学生因健康不良而休学、退学的主要因素是精神及心理疾患。据北京市某些高校统计，近几年开始，因精神及心理疾患而休学的大学生在所有休学大学生中所占的比例已取代了过去的传染病而跃居首位。

(二)大学生的身体健康状况

由于种种原因,我国目前在校大学生的身体状况并不令人满意,据调查,大学生在校学习期间(3~4 年)所患各科疾病的情况如下:消化系统疾病、外科疾病、妇科疾病、泌尿系统疾病、呼吸系统疾病、神经精神系统疾病、心血管疾病,传染病等分别占据 1/10 左右;其他疾病约占 3%左右。

另据调查,大学生年平均患感冒的次数为 3 次,而感冒又是世界卫生组织作为衡量一个人健康状况的指标之一。在近一年中因各种疾病而住院治疗的大学生约占总数的百分之四,且有随年级升高而增加的趋势。

此外,大学生中常见的身体健康问题还有:视力不良,贫血,维生素缺乏症,齿龈肿胀及出血等。由此可见,大学生身体健康方面存在的问题较多。主要表现在以下几个方面。

第一,抗病能力下降,发病概率上升。统计表明,目前我国在校大学生是多种流行病和传染病的易发易感群体。

第二,身体素质的某些指标有所下降。随着人们物质生活水平的不断提高,一方面,包括目前在校大学生在内的我国青少年的身体素质在某些方面有明显的提高;另一方面,由于营养过剩,校园里的肥胖青少年也越来越多。

(二)大学生的生活方式和行为问题

人的行为的产生受知识、态度、性格和价值观的影响。人的行为与健康密切相关。当前发达国家中的主要死因已经不是传染病和营养不良,而是肿瘤、意外事故和心脏病,这前一类疾病的致病因素与行为有十分重要的关系。良好的行为可以增进健康,预防疾病;不良的行为则严重危害健康。

最近的调查资料表明,大学生的生活方式和行为问题主要有以下几类。

1. 烟酒嗜好

大学生中吸烟者占多数,其中每天都吸烟者约占半数,主要为男生。

2. 饮食与营养

有些大学生经常或有时吃快餐类食品;还有大学生经常或有时吃零食,尤其是女生。更有甚者，一些大学生经常不吃早餐；另外平时饮食过度、偏食、挑食；嗜好含致癌物的食品，有不良进食习惯等。

3. 体育锻炼

仅有 1/4 的大学生经常参加体育锻炼，而经常参加较为剧烈的体育运动者就更少，女生尤其少。

现代医学的发展使人们认识到，心血管疾病、肿瘤除生物性致病因素外，还存在大量的社会和行为因素，如摄入过多的脂肪和食盐、吸烟酗酒、缺乏身体锻炼等。

危害健康的行为特点表现：第一，该行为对己、对人、对整个社会的健康有直接或间接的危害作用。第二，该行为对健康的危害有相对的稳定性。第三，该行为是个体在后天生活经历中所得的。

我们应该采取的措施：一是建立良好的生活习惯，包括合理有规律地饮食、控制体重、良好的社交、足够的睡眠、定期体检；二是每天坚持适当的体育锻炼和户外活动；三是重视安全行为，预防意外事故的发生；四是避免吸烟、酗酒、吸毒和药物成瘾等。

总之，大学生由于缺乏足够的自我保健意识和卫生防病知识，健康状况欠佳。如不及时采取有效措施，则不利于大学生的德智体美的全面发展。大学生体质的改善和增强是国家经济发展的结果，也是社会发展的动力。研究学生体质健康问题，提高大学生的体质健康水平为社会培养德、智、体全面发展的人才，对增强我国综合国力起着头等重要的作用。

第二节 大学生体质健康状况的影响因素探析

一、大学生饮食营养与体质健康

（一）大学生的营养需要

“民以食为天”，人类每天都必须摄取一定数量的食物来维持自己的生命与健康，但如果我们仅吃自己喜欢的食物，吃得过多或过少，不注意饮食卫生，不仅影响身体的生长发育和体质强弱，而且对学习和工作的效率等也会产生重要的影响。

1. 饮食营养对大学生的重要性

营养状况影响生长发育的道理早已为人们所承认。茁壮成长的“幼苗”需要不断地施肥、浇水，大学生的健康成长需要良好的营养。营养水平的高低与能否摄取足够的蛋白质、糖、脂肪及水、无机盐、维生素是分不开的。营养是获得和利用营养素的综合过程。生命的存在，身体的生长发育，各种生理活动及体力活动的进行，都有赖于体内的物质代谢。体内进行的物质代谢必须不断地从外界摄取一定数量的新物质，主要是从食物中获得各种营养素。营养可保证人体正常生长发育，而且与健康有密切的关系。如果营养不足，势必影响大学生正常的生长发育和身心健康。因此，体育锻炼和营养都是促进生长发育、维护健康的重要因素。

如果只重视营养而忽视体育锻炼，就会使肌肉无力，体力下降，甚至出现肥胖；如果缺乏必要的营养保证，体内消耗的营养物质得不到补充，会出现体力下降、消瘦，甚至发生营养不良症。营养不良会使人体的各项生理功能下降，降低人体对外界环境变化的适应能力和防御外界有害物质侵入的抵抗力。因此，体育锻炼是大学生健康成长发育的必要条件，而良好的营养则是物质基础。只有将体育锻炼与营养科学地配合起来，才能保证大学生的健康成长。

大学生正值青春发育期，在生理和心理上都将发生一系列的变化，这些变化均受营养的影响。营养的好坏，不能看一个人一天吃多少肉，每餐吃几个菜，吃的食物多精细，有多少高档菜，主要是每天所吃的食物中所含的各种营养素是否平衡、全面。各种食物所含的营养成分不同，没有任何一种食物可以供给人体生长发育、维持健康及生存所需的一切营养素。因此，吃什么，只能按照身体的需要，如年龄、健康状况、生理变化等的不同来选择。

首先，大学时期是人生中长身体、长知识的最重要阶段，在这个阶段中各系统的器官发育趋向成熟，思维能力敏捷，记忆力最强。因此，其生长速度、性成熟程度、学习能力、运动成绩、劳动效率都与营养有极为密切的关系。如果营养缺乏，将造成严重影响。其次，大学生的活动量增强，生长发育旺盛，新陈代谢率高，氮热为正平衡状态，因此，其食量增大，食物量也是一生中需要最多的时期。此时不能为减肥而去节食，必须保证其营养供给。否则，将会自动消耗体内氮热来补充这些营养的消耗，造成负氮热平衡，使生长发育受到影响，最常见的症状为疲乏、体重减轻、机体抵抗力下降等。

2.大学生营养的合理需求量

(1)热能

人和所有动物一样都需要热能来维持生命活动。人类的热能来源于食物,从食物取得的热能,用于生命活动的各种过程,其中包括内脏器官的化学和物理活动、体温的维持、脑力和体力活动及生长发育等。一般说来,大学生平均每天的热能需要量,男生为3600千卡(1千卡=4.814千焦),女生为3200千卡。若长期热量不足,则出现疲劳、消瘦、抵抗力降低,影响身体的发育。相反,摄入过量热量时,一般也会储存起来。有一些女学生错误地认为,吃得太多、太好,热能摄取过多会发胖,影响体形美。其实肥胖并不完全取决于进食量,发胖与体内的脂肪合成酶密切相关。到40岁以后,体内脂肪合成酶活性增加,即使进食量比年轻时减少一半,照样可能发胖。

(2)无机盐

无机盐即除碳、氢、氧、氮主要以有机化合物的形式出现以外的其余各种元素。无机盐对大学生的营养非常重要,在大学阶段里,骨骼发育旺盛,肌肉组织细胞数量大幅度增加,性器官逐渐成熟,因此,无机盐也相应增加。从人体对无机盐的吸收率、需要量及矿物质在食物中的分布考虑,比较容易缺乏的无机盐,如微量元素钙、铁、锌、碘等。

(3)维生素

纤维素多存在于谷类、水果和蔬菜中,它属于糖类,但不能被肠道所吸收,也不产生热能。维生素是维护身体健康、促进生长发育和调节生理功能的所必需的一类有机营养素。营养学家发现,食物纤维素对维护人的健康有很重要的作用,它能促进肠蠕动,预防便秘,并将体内一些有害物质与致癌物质从肠道排出,对降低血糖、保护心脏、调节血糖水平和防治糖尿病都有重要作用。

食物纤维素可产生饱腹感,是肥胖症患者减肥膳食中不可缺少的部分。食物纤维素多存于粗粮、豆类、蔬菜、水果中。但摄入的食物纤维也不宜过多,过多易影响某些营养物质的消化吸收。已患有消化道疾病者,应适当限制纤维素摄入,避免纤维素对消化道的刺激。根据其溶解性可分为脂溶性维生素(维生素A,D,E,K)和水溶性维生素(维生素B,C)。

(二)大学生的平衡膳食

健康生活的重要基础是平衡膳食。所谓平衡膳食,就是全面达到营养供给的膳食。这种膳食意味着:第一,在热量和营养上达到生理需要;第二,各种营养素之间建立起一种生理上的平衡,如三种生热营养素(蛋白质、脂类、碳水化合物)作为热量来源比例的平衡。另外,平衡膳食也应根据年龄、性别、生理状况、特殊劳动环境等做相应调整。

1. 平衡膳食的原则

首先,应进行营养调查,了解大学生的营养状况。然后,根据营养需要量安排膳食,一般说来,合理膳食有以下几条原则。

第一,膳食应供给必需的各种营养素和足够的食物量。膳食中各种营养的含量要适宜,个别营养素不可过多或过少,以期达到平衡膳食的要求,而且要易于消化和吸收。

第二,合理配菜,适当的搭配营养成分。常用的菜肴原料中,各种原料所含的营养成分都是不全的。如猪肉,蛋白质、脂肪、矿物质含量较为丰富,蔬菜中维生素含量较为丰富,豆制品蛋白质含量丰富。通过合理配菜,能使各种营养成分得到充分的互补,提高菜肴的营养成分。在配菜中,少配单料菜,改变荤素比例,增加花色品种,这样就能提高菜肴的营养价值,达到平衡膳食。

第三,膳食必须有一定的饱腹感。食物的重量和容积应当适中,过多会使消化道负担过重,引起消化不良,过少又不能饱腹。

第四,因人而宜选用食物,人体需要的各种营养成分,对于每个人来说,是各不相同的。青年人和体力劳动者,活动量大,热量和营养成分消耗多,应适当增加含热量高的脂肪性食物,如肉类、豆制品等菜肴。老年人和脑力劳动者由于活动量较少,则不宜多吃高热量的高脂肪食物,消耗不了会造成发胖,应该多吃一些蛋白质、维生素及含补脑益智的磷、锌等矿物质的食物。

第五,膳食要符合习惯要求。根据食物的色、香、味,也可触发条件反射,引起消化腺分泌消化液。此外,膳食还要注意民族特点。如回族、壮族、黎族学生都有其本民族的特点,对外国留学生也应考虑。

2. 平衡膳食的调配

(1)各种营养素合理搭配

糖、蛋白质、脂肪在体内经代谢后产生供给人体的热量。但各人的生理功能不同.不能一概而论。成人蛋白质、脂肪、碳水化合物在质量上的适宜比例为1:0.8:7.5,脂肪按饱和脂肪酸、单不饱和脂肪酸、多不饱和脂肪酸各1/3,其他营养素，如维生素之间也应保持平衡，过量摄取一种维生素可造成其他维生素的缺乏。食物的种类繁多，组成我们一天膳食的主要食物可分为粮豆类、瓜菜类、肉蛋奶类、水果类及水产品类。

（2）酸碱食物的合理搭配

人的体液必须保持合适的酸碱度才能维持正常的生命活动。食物中的矿物质对酸碱平衡的影响较大。矿物质中的非金属元素如氯、硫、磷在体内可形成酸性元素，金属元素如钾、钠、钙、镁等可形成碱性元素。可见，食物中所含的化学元素决定了食物的酸碱性。这里需要指出的是，酸碱性这个概念指食物经过消化吸收、新陈代谢最终形成的酸性或碱性的环境。而非我们通常所谓的酸味。食物中，大米、白面、肉类、蛋类等都是酸性食物，蔬菜、水果等则是碱性食物。可见，合理搭配营养素是维持酸碱平衡的一个重要方法。

（3）根据食物的性味择食

古代医学讲究“医食同源”“药食同行”，将人的体质分为寒、热、虚、实，食物也被赋予温、热、寒之性。凡体质偏寒者，忌食寒凉之物，宜食温热之品。

（4）根据四季气候择食

人体热量的消耗，与春、夏、秋、冬四季气候也有很大关系。夏季气候炎热，人体出汗较多，水和盐分丢失较多，这时应吃一些清淡的、含水分较多的食物，如瓜果、蔬菜等，做菜可稍咸些，以补充水分和盐分的丢失。冬季气候寒冷，则可多吃蛋白质、脂肪类等高热量的食物。

3. 平衡膳食金字塔

平衡膳食金字塔指的是提供人们科学摄取饮食营养的最佳图形。这座以膳食营养结构为内容的金字塔底部是人们最基本的营养食物，即以谷物类粮食及其加工品为主的主食，如面粉、米粉、大米、面包、玉米、豆类等。每个人每天要从谷粮中摄取膳食总热能的60％～75％，从中获取多糖——淀粉和粗纤维。第二层：蔬菜和水果。主要提供膳食纤维、矿物质、维生素和胡萝卜素。蔬菜和水果各有特点，不能完全相互替代，不可只吃水果不吃蔬菜。每天应吃蔬菜500克左右，水果200克左右。第三层：鱼、虾、肉、蛋（肉类包括畜肉、禽肉及内脏）类。主要提供优质蛋白质、脂肪、矿物质、维生素A和维生素B。每天应吃150～200克。第四层：奶类和豆类食物。奶类包括鲜牛奶和奶粉等，除含丰富的优质蛋白质和维生素外，含钙量较高，且利用率也高，是天然钙质的极好来源。豆类含丰富的优质蛋白质、不饱和脂肪酸、钙及维生素B等。金字塔顶层：油脂类。包括植物油等。主要提供能量。植物油还可提供维生素 E 和必需脂肪酸。

(三)大学生要培养良好饮食习惯

有关大学生的饮食卫生,包括内容很多,涉及范围很广,这里就日常存在且较普遍的问题做一简述。

1.不宜多吃盐

食盐,是"百味之王",是人们日常生活中必不可少的调味品,也是人体必需无机盐氯和钠的主要来源。大量科学研究证明,日常食盐量与高血压的发病率有密切关系。因为体内盐(钠)过多,不仅会增加细胞外液量而造成水分潴留,加重心脏负担,还会加大血管内阻力和肾脏的排泄负担而导致肾性高血压,进而引起心脑血管意外、肾衰竭等并发症。因此,平时口味重、偏爱咸食的同学,应多吃清淡食物,烹饪时少放盐,少食咸菜、酱油等。

2.进食不宜太快

大学生的食量较大,消化力强,进食很快,可用"囫囵吞枣""狼吞虎咽"比喻之。这样,食物在口中停留时间短,咀嚼不充分,牙齿未将食物充分研磨,唾液和食物也不能充分搅拌,起不到在口中消化一部分食物的作用,这必将影响消化,增加胃的负担。因此,进食不仅需要良好的进膳氛围,还应提倡细嚼慢咽,这样能够充分品尝美味佳肴、促进食欲。更为重要的是食物入口后要经过牙齿的切碎碾磨、舌头和唾液的搅拌而完成食物的初加工。细嚼慢咽可减轻胃肠的负担,刺激消化液的分泌,使食物充分消化、吸收。同样,有的大学生喜欢加开水、加汤下饭,也是不符合饮食要求的。

3.不要挑食

挑食就是对食物挑三拣四,凭自己主观爱好,认为好吃的就吃得很多,不好吃的就不吃或少吃,如有个别大学生专吃荤菜不吃蔬菜、豆制品等。偏食和挑食有所不同,偏食不一定挑好的吃,如个别大学生不吃鸡,有的不吃鱼,也有的不吃面食等。

挑食和偏食都不好,它与营养原则相违背。需要的营养应从品种众多的食物中摄取,吃的食物越杂,摄取的营养就越丰富,适应生活环境的能力就越强。例如,豆腐等豆制品所含的蛋白质营养价值很高,可和肉类相媲美,而且豆制品含钙量也很高，对人的骨骼很有益。又如，有的学生不吃芹菜，其实芹菜含有丰富的蛋白质、矿物质和芳香油，其中芳香油可提高食欲，促进血液循环，还可起到降低血压和健脑的作用。

4. 考试期间的饮食安排

考试期间的合理饮食安排，能使人达到良好的考试状态。考试期间，精神处于紧张和兴奋状态，消化功能减退而食欲不振，这时如食高蛋白、高脂肪的食物，胃肠负担较重，需要的能量也较多，势必会减少脑的血流供应，因此会出现昏昏欲睡、精神不振、记忆力下降等现象。因此，此阶段应选用易消化、含糖高、无机盐和维生素丰富的食物，并增食一些开胃食品如山楂、陈皮、话梅、红枣等。考前可以喝一些咖啡、浓茶，在两场考试之间可进食一些巧克力、果汁等。这样既可以补充能量，又可以使大脑兴奋，从而保持良好的考试状态。

5. 避免进食过多的冷饮冷食

有些学生外出归来或体育活动后，为了解渴，一次喝很多冷饮或吃很多冷食，虽然好像满足了口渴的要求，但却伤害了肠胃。这是因为运动后或身体很热时，肠胃道的血管处于收缩状态，大部分血液集中到参加运动的四肢肌肉中，或是到体表扩张的血管里，以利散热。加上胃受到冷饮冷食的刺激，易引起胃幽门痉挛。同时，胃肠突然受到冷的刺激，引起胃肠血管痉挛及胃肠壁的平滑肌强直收缩，发生阵发性腹痛或伴有腹泻和面色苍白，这就是人们所说的胃肠痉挛。

6. 饭前饭后不宜做剧烈活动

在紧张的脑力活动或剧烈的体育活动后进餐，往往食欲不佳。因为这时疲劳尚未缓解，消化液的分泌和胃肠的蠕动受到限制，食物的消化、吸收也受到影响，应休息片刻后再进食。餐后应适当休息，以保证血液对消化道的供应。如果饭后马上进行剧烈活动，支配运动器官的交感神经将会兴奋起来，使血液流向四肢肌肉、关节和大脑，以满足运动所需的能量，从而减少胃肠道的血液供应，使食物的消化和吸收受阻。因此，饭后不宜立即运动。

二、大学生的行为与体质健康

行为与健康有着密切的关系。随着经济的发展，由不良行为、生活方式引起的疾病迅速增加。吸烟、缺乏运动、不合理膳食等是慢性非传染性疾病的危险因素;另外,通过采取合理的行为,也有助于疾病预防、治疗和康复。作为当代大学生,应该积极学习行为与健康的基本知识,培养健康的生活习惯,养成正确的用脑卫生、起居卫生和营养卫生,减少或消除各种健康危险因素,提高生活质量,促进身心健康。

(一)行为与健康

人的行为的产生受知识、个性、态度、需要和价值观的影响。人的行为与健康密切相关。良好的行为可以增进健康,预防疾病;不良的行为则严重危害健康。当前发达国家中的主要死因已经不是传染病和营养不良,而是心脏病、肿瘤及意外事故,这后一类疾病的致病因素与行为有十分重要的关系。

1. 促进健康的行为

促进健康的行为,是指个体或群体表现出的在客观上有利于自身或他人健康的明显和确实的行为。它要求这一目的行为必须与个人和社会的期望明显一致,并以不损害他人健康为前提。促进健康的行为较为稳定,通常会持续一定时间。在实际生活中,促进健康行为主要表现为对健康有利行为的形成、巩固(如积极参加体育锻炼)及对危害健康行为的抑制或减少(如戒烟等)。其中健康教育和健康促进的推行是投入少、收效多的好方法,促进健康的行为是一组行为群,它涉及个人生活、学习、工作的各个方面。

促进健康的行为可进一步分类为:①日常健康促进行为,如平衡膳食、适量锻炼等。②保健行为,如预防接种、定期体检等。③戒除不良嗜好行为,如戒烟、不酗酒、不滥用药物等。④预警行为,如乘车系安全带,事故中的自救和他救等。常见的促进健康行为如下。

(1)积极休息与消极休息

休息有积极的休息和消极的休息。积极的休息,就是变换活动和工作的方式方法。通过变换活动的方式,可以协调机体各个部位的活动,协调大脑皮层的兴奋和抑制过程,以保持稳定的动态平衡,使大脑得到休息。消极的休息方式主要以静为主,或坐或卧。睡眠被视为最彻底的休息,与机体的许多活动关系密切。研究发现,充分的睡眠能恢复机体的疲劳,增加机体对各种刺激的耐受程度,增进食欲,加速排泄,降低各种疾病的易发性,从而使机体能有充分的精力去迎接新的挑战。

(2)合理营养和平衡膳食

人类能够生存下来的必要条件之一,就是能不断地从外界摄取食物经消化吸收,获得维持生命所需要的热量和营养素。营养状况和人的身心健康密切相关,如果营养不良或摄取过多,都会损害人体健康,成为主要的致病因素之一。

(3)积极的应对方式

任何人都生活在一定的环境中。由于环境中各种刺激的"稠密性"及敏锐性,紧张刺激在人生中是不可避免的。对此,人们应采取一种旨在消除不良影响,维护和促进健康状况的应对方式——积极应对。这是一种在主体身上发展起来,针对紧张刺激所能出现的结果的一种积极反应,同时也是现实生活中有关生命和健康可能造成的威胁在头脑中形成预兆,然后为达到预期结果而做出积极反应的一种能力。

(4)体育锻炼

生命在于运动,健康在于锻炼。适度的体育锻炼可以增强体质,防病治病。在青春期经常锻炼还可以使人增高,防止身体肥胖,使体态匀称协调。经常锻炼还可以提高对紧张刺激的耐受性,包括减少神经肌肉进展、抑郁和焦虑,增强自我信念,有利于睡眠,感觉舒适等。

2.危害健康的行为

危害健康行为是指在偏离个人、他人乃至社会健康所期望的方向上表现出来的一系列相对确定的行为。危害健康行为的主要表现特点:第一,该行为对己、对人、对整个社会的健康有直接或间接的、明显或潜在的危害作用。第二,该行为对健康的危害有相对的稳定性,即对健康的影响具有一定作用强度和持续时间。第三,该行为是个体在后天生活经历中获得的。

(二)常见危害大学生健康的行为

生活方式是人在遗传因素的影响下和所处客观环境中养成的一种行为模式,在日常生活中它主要表现为一些习以为常的行为。生活方式一旦形成,其表现为一定的动力定型特征,改变较为困难。不良生活方式广泛存在我们的工作、生活中,一些行为的危害性与作用时间及强度有密切关系。世界业已公认,在不良生活方式中,吸烟、酗酒、膳食结构不合理、缺少运动是排在前四位的危险因素。大学生是文化层次较高的群体,更应认识到这些危险因素的危害,并正确对待、消除这些习惯给自己所带来的痛苦及不愉快,逐步使自己的行为趋向于健康。

1. 吸烟

吸烟始盛于19世纪末。发达国家吸烟率近20余年内呈逐年下降的趋势。然而,全球烟草生产和消费量仍在增加,这主要是由于发展中国家的吸烟率在上升。我国吸烟者占世界吸烟总人数的1/4。WHO肿瘤处处长曾指出,借着赞助中国杂技、体育活动,外国烟草商将他们的产品向中国市场倾销。据全国对吸烟者的不完全调查看,15岁以上人群的总吸烟率达37.62%,吸烟率在上升;初次吸烟者的年龄在提前。大、中、小学生的吸烟率在上升,有人估计大约有2亿青少年会染上吸烟的坏习惯。中国力阻吸烟的形势十分严峻。

(1)吸烟的危害

①吸烟对肺的危害最为严重。烟中所含的焦油是一种棕黄色粘性树脂,沉积在吸烟者肺中,容易引起肺癌。除了可怕的肺癌,吸烟者在吸烟的过程中,呼吸道黏膜会受到刺激而发生问题。如烟中的尼古丁进入人的支气管可对支气管的纤毛产生抑制和麻痹作用,严重的可使其丧失活力甚至脱落,导致支气管黏膜受损。香烟的有害物质还会改变支气管黏膜的渗透性,使黏液分泌增多,引起咳嗽、多痰、慢性气管炎、咽喉炎等症状。

②导致肺癌。吸烟已被公认是肺癌的主要致病原因。美、英、日、加拿大等国进行过8次大样本的前瞻性研究,认为65岁以下人的肺癌死亡原因主要为吸烟所致。研究表明,吸烟者肺癌死亡率比不吸烟者高30%~50%,并与吸烟量有关。这表明肺癌与每年吸烟量及持续时间呈正相关。中国肺癌发病率,在大城市中已居男性癌病患者的首位,并且每年都在以一定的速度呈上升趋势。

③吸烟损害心脑血管。烟草中的一氧化碳是一种会干扰氧气交换利用的有毒气体,它与血红蛋白的亲和力比氧气与血红蛋白的亲和力强,吸烟会使得碳氧血红蛋白的浓度升高,影响红细胞输送氧气的功能,进而影响中枢神经系统功能,加速动脉粥样硬化,影响心脑血管的健康。

④抑制胎儿发育。吸烟妇女妊娠的流产可能性要高于不吸烟妇女的2倍。因吸烟时血液内碳氧血红蛋白增加,致使胎儿缺氧、流产、早产率上升及新生儿体重低下。吸烟妇女妊娠胎盘重量增加,阻碍胎儿发育,畸胎率也较高。

⑤严重影响学生的学习。对于求学的学生来说,除前所述吸烟的危害外,还直接影响到学习。人体在尼古丁等刺激下短暂兴奋后,脑血流量减少,使注意力分散、记忆力下降和智力活动能力降低。据某些高校统计,吸烟学生的成绩明显低于不吸烟的学生。吸烟学生在遵守纪律、进取心、参与集体活动等行为上与不

吸烟学生有明显的差别。

⑥危害社会。吸烟除对自己的健康产生危害外，在工作、学习、家庭、公共场所中，还有造成他人被动吸烟的危害。许多研究报道均支持被动吸烟与主动吸烟一样有害。众多国家的中央政府及地方政府均颁布了在公共场所禁止吸烟的法律法规，有力地控制了吸烟对他人与社会环境的危害。

（2）对吸烟危害的预防

对吸烟危害的预防应采取综合性的措施，其中包括对群众的健康教育。对吸烟人群的健康教育要注意其吸烟的社会心理动机，要使吸烟人对吸烟危害有“恐惧感”，必须造成一种“社会歧视”的吸烟环境。利用现代传媒、广告等宣传手段宣传吸烟的危害和戒烟的方法。开展禁烟宣传教育需要从小学开始，中学、大学阶段也不可忽略，减轻学生的身心负担、丰富学生的文化生活、开展健康有益的业余活动是控烟运动的有效措施。

2. 酗酒

（1）酗酒的危害

①酗酒对社会的危害。酒后造成的对工作的玩忽职守而致的火灾、偷盗等事件也时有发生。酒后失去自制力，可直接或间接造成意外事故。嗜酒者在酒精的作用下，容易许下平时所不敢承担责任的诺言，这往往被一些有预谋者所利用，成为一种犯罪的手段。此外，酒是许多行贿者最常用的“攻关”载体。酒已成为一种合法的“武器”，它的危害也早已不只限于其本身作为化学物质的范畴。饮酒者酒醉后判断力下降，很可能做出错误的决定，与烟相比，“酒毒”比“烟毒”更重。

②酗酒对神经系统的影响。加速脑部老化过程、损伤智力、情绪不稳定、注意力分散，导致错误的判断。长期酗酒会导致酒精中毒性精神病。酒精中毒者，几乎均有不同程度的人格改变，如粗暴、固执、猥琐、不拘小节等，难以承担注意力高度集中的脑力劳动，应变能力低，记忆力明显减退，以自我为中心。酒精中有亚硝胺等致癌物，并是多种化合物的良好的溶剂，一些致癌物在酒精中会增加溶解度，使毒性增强。

③酗酒对学习的危害。大学生过量饮酒，醉酒后的兴奋常会使人失去常态，做出有悖于社会公德、违纪违法的行为；还可能因丧失自控能力而伤及他人或使自己遭到意外伤害；也会使思维迟缓、记忆力下降。如果经常饮酒，一旦产生依赖，当中断饮酒时，也会产生如戒烟后的乏力、情绪低落、坐立不安等。酒后的自制能力下降，产生一些错误的言论和举动，做出错误的选择，甚至造成终生的

憾事。

④酗酒对消化系统的影响。酒精对食管和胃的黏膜损害很大，会引起黏膜充血、肿胀和糜烂，导致食管炎、胃炎、溃疡病、食道静脉曲张等。

(2)控制过度饮酒的对策

在我国，酗酒是危害健康的重要因素之一，每逢节假日，急性酒精中毒增加，交通事故增加，因酗酒导致的猝死情况也时有发生。因此，应加强酗酒有害健康的教育。

控制过度饮酒，同样面临经济和社会问题，在立法方面比控烟还要难。我国教育部曾规定在学校内不得出售白酒，但对含低度酒精的饮料并未禁止。在大学生中进行不过度饮酒的宣传、教育，首先应从认识中澄清，从督促上着手。

第一，节庆期间与家人、朋友聚会时饮酒要量力而行，要把握好度，不饮烈性酒，有饮酒欲者，要渐渐弱化。

第二，遇到不如意之事时，不要借酒浇愁。

第三，不要用酒作为交际手段。

第四，严格实施在校园内不饮烈性酒的规定。对于饮酒滋事者，要认真教育处理。在校园内推行以不吸烟、不饮酒为荣的风尚。

(三)合理的生活习惯

1.改变以下不良生活习惯

第一，不吃早餐：长期不吃早餐，就会造成营养不良、贫血、抵抗力降低，并会产生胰、胆结石。

第二，饭后即睡：饭后即睡易引起心口灼热及消化不良，还会发胖。

第三，饱食：饱食容易引起记忆力下降，思维迟缓，注意力不集中。经常饱食，还会诱发胆结石、胆囊炎、糖尿病疾病，使人未老先衰，寿命缩短。

第四，强忍小便：强忍小便有可能造成急性膀胱炎、出现尿频、小腹胀疼等症状。有憋尿习惯的人患膀胱癌的可能性比一般人高5倍。

第五，伏案午睡：一般人在伏案午睡后会出现暂时性的视力模糊，原因就是眼球受到压迫，引起角膜变形、孤度改变造成的。如果每天都压迫眼球，会造成眼压过高，长此下去视力就会受到损害。

第六，睡懒觉：睡懒觉使大脑皮层抑制时间过长，长此以往，可引起一定程度人为的大脑功能障碍，导致理解力和记忆力减退，还会使免疫功能下降，扰乱机体的生物节律，使人懒散，产生惰性，同时也不利于肌肉、关节和泌尿系统。

第七，不渴不喝：有些人平时不喝水，只是在口渴时才喝，这其实是不健康的做法。在正常情况下，人每天可通过出汗、呼吸和大小便排出一部分水，为了保持水的平衡，人体又从食物和饮水中补充所丢失的水分，每天喝一定量的水是健康的需要。如果感到口渴，表明身体已缺水。因此，不能等口渴了再喝水，应该主动喝水，才能保持机体的水平衡。

第八，不病不治：有病早治，无病早防，这是人们普遍知晓的道理。许多人不懂得预防，不积极进行健康检查。其实，保健养生应以预防为主，生活规律，合理营养，保持良好的心态，坚持适宜的运动锻炼，提高身体素质和抗病能力，减少疾病的发生。此外还应定期检查身体，保证有病可及时发现及时治疗及时康复，这样才能健康长寿。

第九，喝酒过量：酒喝多了会伤害肝、脾、胃，长期饮酒还会使酒精在人体内积累形成慢性中毒，麻痹神经使人体代谢功能紊乱，加速衰老。

第十，步行太久：步行时足弓保持一定的高度和张力，如果步行太久，足弓就会下陷使跟骨负重增加，容易发生骨折。因此步行旅游时每日行程不宜太长，应穿合适的旅游鞋，并注意补充营养。

2. 坚持以下健康生活方式

(1)每天保证 8 小时睡眠

健康体魄来自睡眠，没有足够的睡眠就没有健康。晚上 10 时至凌晨 2 时，是人体一天中物质合成最旺盛、分解最少、人体疲劳恢复的最佳时段；也是人体内两支“国防”力量——淋巴细胞和淋巴细胞生长最旺盛的时间。B 淋巴细胞和 T 淋巴细胞强大，人体抗病能力就强，就会少生病和不生病。人体错过这一时段，对健康的损害难以估量。

(2)按时吃早饭

早饭犹如进补，早饭吃得再多也不会胖。曾有营养权威对世界范围早餐进行研究，得出结论：吃早饭有利于增进记忆.提高学习和工作效率。通常认为含有以下几种食物的为健康早餐。即粗粮、牛奶、鸡蛋(忌食油煎荷包蛋、炒蛋)、蔬菜和水果。

(3)适度运动

适宜的运动是保持脑力和体力协调，预防、消除疲劳，防止亚健康，延年益寿的一个重要因素。这里特别要提醒的是：切忌在疲劳到极点的时候忽然想到“生命在于运动”,疲劳时人体需要的是休息,不是运动,此时运动对人体只有害而无益。对待运动的科学态度是“贵在坚持,重在适度”。万万不可不锻炼则罢,一锻炼就满头大汗,气喘吁吁、心跳气急,这样于健康非但无益,反而有害,甚至会发生意外。

(4)尽量不吸烟

吸烟是有百害而无一利的。每吸一支烟,平均减寿 5 分钟,终生吸烟平均减寿 18 年左右。据调查发现:将每天吸 20 支烟以上的人与不吸烟的人比较,口腔癌增加 3～10 倍;食管癌增加 2～9 倍;膀胱癌增加 7～10 倍;肾癌增加 1～5 倍;其他癌症增加 1～4 倍;冠心病发病率高 2～3 倍。吸烟是引起高血压的三大危险因素之一。

(5)饮酒要适度

酒的主要成分是乙醇,适量饮酒对人体有兴奋作用,使血管扩张、循环加强、精神振奋、疲劳解除;酒对味觉、嗅觉也有刺激作用;在饭前饮用少量”开胃酒”可以增进食欲,提高消化功能;有益健康。但是酗酒或饮酒成瘾都有害健康,慢性酒精中毒引起肝脏损害、酒精性肝硬化乃至肝癌。过量嗜酒会造成急性酒精中毒,严重的可造成心跳、呼吸停止以致死亡。

(6)注意居室卫生

居室首先要光照充足。阳光除了具有调节温度、湿度、清洁和净化空气、杀灭病菌等作用外,阳光中的紫外线还能促进人体吸收维生素 D,从而促进肠道对钙的吸收。其次,居室要通风换气。 个人每小时需要 20～30 立方米的新鲜空气,所以处在居室中的人,只有每隔一段时间换一次气,才能保证室内空气新鲜,氧气充足。

第三节　大学生运动保健教育探究

在高校体育教学中加强运动保健理论的教育,让学生掌握正确地锻炼理论和方法,是十分必要的。通过多种途径增加学生对体育保健知识的认知。尤其是体育教师,在课堂上不仅应教会学生如何运动,还应增加基本的运动保健知识的传授,特别是对于女大学生和认知程度低的保健知识,从而加强大学生运动中的自我保护能力,减少运动性伤害事件的发生。

一、运动保健理论教育的意义

随着我国全面健身运动及阳光体育运动的推广，一系列保障设施的完善，使得大学生参与运动的积极性高涨。体育锻炼过程中，机体会产生一系列具有双向效应的适应性改变，既可能增强体质，也可能危害身体健康，只有科学地进行体育锻炼才会起到促进身体发育、增强体质和健康的作用。只有正确认识人体生命活动的基本规律和影响人体生命活动的内外环境因素之间的相互依存、相互制约的内在联系，才能指导人们从事符合其生理规律的体育运动。因此，对运动保健知识的认知情况决定着大学生体育锻炼的科学性与安全性，了解大学生运动保健知识的认知情况，对促进大学生体育锻炼的科学性，保证锻炼的安全性具有重要意义。

人们在身体锻炼中，由于缺乏应有的运动保健知识，违反科学规律而中断锻炼的情况时有发生。例如，锻炼前准备活动不充分而造成伤害事故；运动锻炼中出现疲劳过度；练习气功时方法不当等。这就要求锻炼者应具有基本的运动保健知识，以正确的方法指导身体锻炼。运动保健学是一门交叉性的新兴科学，它综合了运动卫生、人体基本知识、医务监督、运动按摩及运动创伤和医疗体育等内容。在高校体育教学中，加强运动保健知识的教育，对促进学生的身体发育，增加健康，提高身体训练水平有着积极的意义。应用运动保健知识和方法，也可以评定体育教学及学生的运动训练方法是否正确，运动量是否合适，为体育教学和训练提供科学依据，为不断改进体育教学与训练工作，提高运动技术水平创造条件。

二、运动保健教育和终身体育的关系

在高校体育教学中，将终身体育作为教学的指导思想已得到共识。重视培养学生的终身体育观念，正确引导学生积极参加体育锻炼已提上议程。通过保健知识教育，可指导学生如何运用多种手段与方法来参加锻炼，并达到终身受益的效果。例如，它可以使学生了解，在参加运动前及运动后为什么要做准备活动和整理活动；运动损伤的预防及常见的运动按摩方法；个人卫生与自然锻炼的条件和要求；运动中应注意哪些营养卫生等。可见，运动保健教育与培养学生的终身体育是密不可分的。

体育活动由人体各器官系统协调配合完成，同时体育锻炼又对人体各器官系统产生深刻和多方面的影响。长期坚持适度的体育锻炼，是运动健身的关键。因此，大学生体质健康来自坚持不懈的运动，体育锻炼是增强体质、磨炼意志的最好砥石，运动贯穿于生命的始终，大学生体育运动，将终身受益。

（一）体育运动能促进大学生身体健康的发展

1.运动可以开发大学生的智商

若想记忆力旺盛，首先要保证大脑得到充足的血和氧。体育锻炼一方面能使呼吸系统和心血管系统的功能得到提高，从而为大脑的发育提供必要的能量；另一方面，经常参加锻炼，能够使视听感觉器官变得敏锐，使神经系统的传递速度加快，从而使分析思考能力和灵活性得以提高，人脑的记忆储备信息也随之得到增加。

2.运动可以清除大脑疲劳，提高学习工作效率

运动是一种积极的休息方式。学习后进行体育锻炼，可以增加氧气和营养物质的供应，有利于改善大脑的功能，消除疲劳，从而使大脑得到很好的休息。

3.运动使大学生心情舒畅，精神焕发

运动带给大学生快乐及放松心理紧张与压抑，使大学生性格开朗、豪爽、大气，能预防心理疾病。

4.运动能促进大学生情商的培养

情商主要体现在社会适应能力方面。运动能锻炼大学生意志力、耐力和吃苦的精神。参加体育比赛，能培养大学生团结、友爱、协调、合作的能力，能培养大学生的竞争意识和不服输的精神。

（二）体育运动有促进大学生生命活动机能的发展

1.心血管系统

大学生通过良好的体育锻炼，不仅可使心脏收缩力量增大，而且还能增加心脏的容量。由于肌肉的紧张活动，加速了全身的血液循环，从而提高了人体的有氧工作能力，心脏的工作量增加，心肌的血液供应和新陈代谢加强。运动使心肌纤维增粗、心壁增厚，使心脏具有更大的收缩力。这也是机体适应机能需要的反应。

2. 呼吸系统

长期锻炼的大学生，骨性胸廓和呼吸肌能得到良好的发展，因此胸围加大、呼吸加深。由于膈肌收缩和放松能力的提高，呼吸的加强，呼吸肌逐渐发达，变得强壮有力。参加体育运动不仅能提高呼吸功能，也能提高血液循环功能，使内外呼吸机制得到改善，大大提高了大学生们的心、肺功能。

3. 消化系统

经常参加体育运动，因运动既消耗能量，又能增加氧的供应。特别有助于改善肝脏功能。运动使膈肌大幅度上下移动和腹肌大量活动，对胃、肠、肝、胰起到了一种按摩作用，使消化腺分泌更多的消化液，消化管道的蠕动加强，胃肠的血液循环得到改善。这对增强胃肠的消化功能有良好的影响，使人的食欲增进，消化能力提高，有利于增强体质。

4. 运动系统

运动系统的主要功能是使人体运动。经常坚持体育运动能够改善骨的血液循环，增强骨的新陈代谢，可使骨密质增厚，骨径变粗，骨变得更加粗壮和坚固，在抗折、抗弯、抗压缩和抗扭转方面的性能得到提高。另外，经常从事体育运动，可以使肌纤维变粗，肌肉截面积加大，因而使肌肉结实、发达、肌肉强状有力。通过锻炼能够提高整个神经系统肌肉的控制力，增强肌肉的反应速度和运动动作的准确性、协调性，使肌肉之间互相协同配合的能力大大提高。

5. 神经系统

经常参加体育运动可以改善和提高神经系统的反应能力，使大学生思维敏捷，调节身体运动更准确、更协调。运动能有效地消除疲劳，提高学习和工作效率。调查结果表明，坚持参加体育运动的大学生，不仅可以消除学习上的紧张和焦虑，还能调节情绪，保持平和的精神状态，提高生活和学习的质量。

三、高校运动保健教育的现状及存在的问题

根据调查数所高校体育开展的情况，了解到高校体育教师并没有足够重视运动保健理论的教学，教学缺乏必要的连续性和系统性，所讲内容五花八门，未能达到理想的教学效果。究其原因有以下几点。

(一)对保健理论教育认识不足

运动保健知识认知的主要途径是体育教师的传授。而体育教师只注重体育实践技术教学,传授一些基本的运动技术与技能,未能将体育教学提高到应能使学生获得长远效益,达到终生健身这样的高度来认识。

(二)部分教师的理论基础较差

由于部分教师是从专业队进入学校学习,毕业后从事教育工作的,基础理论的学习不够扎实,工作中又没有不断地去学习和充电,导致对保健知识等课程的讲授感到吃力,影响了这些课程的教学工作。

(三)陈旧观点的束缚

多数教师认为学校体育教学应是实践技术第一,理论教学第二。因此在学时数的安排上出现了比例失调现象,使得基础理论课的教学时数限制了运动保健理论的教育。

(四)检查力度不够

有的院校虽已对运动保健理论教育给出一定的教学时数,但对教学内容及效果未能采取有效的检查措施,因此,未能做到不断总结经验,纠正不足,从而改进教学效果。

四、运动保健教育的指导和建议

(一)在教学思想上

在教学思想上以终身体育观念作为指导思想,以奠定终身体育基础和追求长远效益为基本出发点,把培养学生的体育兴趣和终身体育意识放在重要位置,并使之作为衡量教学效果的一个重要方面。

(二)在教学内容上

在教学内容上应精选一些实用、易懂并能使学生产生兴趣的内容。因为运动保健知识内容很广，而理论教学时数又有限，所以应做到简单实用，使学生易于学习掌握，并指导运动实践，会激发学生由被动接受转为主动追求，从而为其终身体育打下良好基础。

（三）在教学方法上

应能将讲解与示范相结合，适时运用讨论式，并注重引导，使学生在产生了自发兴趣的基础上做到自觉学习。

1. 合理应用教学艺术手段，提升课堂秩序性

教学方式手段的运用选择不仅应体现科学性与针对性，同时应富含艺术性与教育性，集合健身、益智、情趣、感性于一身，令学生由心理层面激发形成羡慕、欣赏、注意、向往、思维与操作的良好反应过程，进而扩充想象力、激发创造力。唤起学生学习愿望，令其精力充沛的在教学训练中实现入情、入趣、入境的主动发展，进而优化教学效果。

2. 营造优质场景，促进教学心理气氛的良好创建

优质的教学情景可令学生兴趣倍增、耳目一新，基于体育教学室外场地开展的较大比重，其器材场地则是教学重要环节，因此在课程开始前教师应依据具体教学要求、内容，合理进行教学场地规划，确保设计场地的大方美观，器材新颖。提升学生心理美感并激发其形成好奇心，真正做到对体育课程教学心理气氛的良好、完善优化，提升实践教学水平。

（四）在师资素质方面

应加强运动保健理论的学习和研究，注重培养骨干教师，形成良好的研究气氛。

（五）严格的检查措施

要有严格的检查措施，以保证备课笔记、授课内容、教学进度等能够符合即定的要求，从而保证教学质量。

总之，高校体育教学营造良好的课堂心理气氛尤为重要，因此广大教师只有展开充分实践调查，明确欠缺之处，制定科学有效的实践教学策略，才能营造事半功倍的教学效果，并真正培养出身心健康和综合素质全面的人才。

第六章　科学运动训练实践的探索研究

第一节　科学运动训练常识

生命在于运动，然而运动必须有一定的规律性，只有掌握了体育训练的一般生理卫生知识，科学地进行体育训练，才能够起到强身健体、防病治病的作用。从某种意义上说，运动安全是体育训练的首要问题，如果不注意运动卫生，盲目或随意运动，有时反而会对身体造成危害。因此，体育训练必须遵循人体生理活动规律和一定的卫生要求，才能收到良好的效果。

一、合理安排训练时间

参加体育训练的时间主要根据个人的生活习惯、身体状况或工作性质而定，但就多数体育训练者来说，体育训练的时间多安排在清晨、下午和傍晚。不同的训练时间有不同的特点，练习者可根据自己的实际情况选择。

（一）清晨训练

清晨的空气新鲜，早训练有助于体内二氧化碳的排出，吸入较多的氧气，有利于体内新陈代谢的加强，提高训练的效果。所以，许多人喜欢在清晨进行体育训练。清晨起床后大脑皮层处于抑制状态，通过一定时间的体育训练，可适度提高大脑皮层的兴奋性，从而有利于一天的学习与工作。所以有人说，早晨动一动，少闹一场病。但是，由于清晨训练多在空腹情况下进行，所以运动量不要太大，时间也不宜太长。否则，长时间的运动会造成低血糖，不仅影响训练效果，而且会使身体产生不适应。另外，对工作和学习紧张的人来说，没有必要每天强迫自己进行早训练。

（二）下午训练

主要适合有一定空余时间的人进行体育训练，特别适合大、中、小学的师生。经过一天紧张的工作后，下午进行一定强度的体育训练，不仅可以增强体质，而且可使身心得到调整。下午进行体育训练时，运动强度可大一些，青年学生可打球、做游戏,老年人可打门球、跑步。对心血管病人来说,下午运动最安全。因为经医学研究表明,心血管的发病率和心肌劳损的发生率在上午6—12时最高。

(三)傍晚训练

晚饭后也是体育训练的大好时光。特别是对那些清晨和白天工作、学习十分忙碌的人来说,傍晚进行适当的体育训练,既可以健身强体,又可以帮助肌体消化吸收。傍晚运动的主要形式为散步,傍晚进行体育活动的时间一般不要超过1小时,运动强度也不可太大。强度过大的运动会影响胃肠道的消化吸收,同时,傍晚训练结束与睡觉的间隔时间要在1小时以上,否则,会影响夜间的睡眠。

二、体育训练的合理进食

体育训练后,不要急于进食,要使心肺功能稳定下来,胃肠道机能逐渐恢复后再用餐。如果在运动后立即进食,由于胃肠的血流减少,蠕动减弱,消化液分泌减少,进入胃内的食物无法及时得到消化吸收,储留在胃中,容易牵拉胃黏膜造成胃痉挛。长期不良的饮食习惯还可诱发消化道疾病。

体育训练时,体内的物质代谢加强,能量消耗加大。合理的营养和饮食卫生,有助于稳定机体内环境的平衡,加快机体的调整与恢复,以达到强身健体之效用。

(一)要有充足的食物量

机体内进行物质代谢必须不断地从外界获取新的物质,以补偿机体所消耗的能量。一般情况下,青年学生每日除主食提供一定的热量外,其余的热量需从豆类、肉类、蛋类、蔬菜、食油等副食品中补充。

(二)要注意补充优质蛋白质

人体的组织细胞主要由蛋白质组成。所以,在饮食中要注意蛋白质的供给。蛋白质在人体内不能合成,只能从每天的饮食中得到。如蛋白质不足,就会直接影响健康。有条件者应注意在每日三餐中适量补充。

(三)要注意供给含无机盐及含维生素的食物

钙、磷、碘等无机盐都是人体必需的营养素。维生素是人体不可缺少的有机化合物，它具有广泛的生理功能，对保持人体健康有着极为重要的作用。诸如豆制品、鸡蛋、虾皮、绿叶蔬菜、海带、紫菜和新鲜水果等含无机盐和维生素比较丰富，因而在饮食中应注意摄取这些食物。

(四)要养成良好的饮食习惯

第一，要纠正忽视早餐的不良习惯，注意改善早餐饮食的质量。

第二，要重视饮食的合理搭配，注意食物的多样化，不要暴饮暴食，不要偏食挑食。

第三，吃饭时要细嚼慢咽，切忌狼吞虎咽。

第四，饭前便后要洗手，餐具要经常消毒并保持清洁。

第五，每天三顿饭都要定时定量的吃，尽量让食物多样化，这样才会保证各种营养均衡；另外不能暴饮暴食。

第六，每天应保证 6～7 杯白开水；保持良好的睡眠习惯。

三、体育训练的卫生

体育训练必须遵循人体生理变化的规律，符合运动卫生的要求，才能有效地增强体质，防止运动损伤和疾病的发生。

(一)定期进行体检

为了了解体育训练对增强体质的作用，了解运动中身体健康和机能的变化状况，检查训练的方法是否正确，运动量是否适宜等，应定期进行体格检查，从而进一步修订体育训练计划和改进训练方法。

(二)要注意做好准备活动和整理活动

整理活动是人体内运动状态过渡到相对安静状态的活动过程，它是促进体力恢复的一种有效手段，因此体育运动后要做好整理活动。整理活动有助于人体机能尽快恢复常态，有助于偿还氧债。准备活动和整理活动就是实现这种变化的过渡手段。

体育训练前进行充分的准备活动对于体育训练者来说是非常重要的，有些体育活动爱好者就是由于不重视训练前的准备活动而导致各种运动伤害，不仅影响训练效果，而且影响训练兴趣。对体育活动产生畏惧感。

二者在体育运动中有着不可估量的作用。准备活动能够提高内脏器官的机能水平，调节心理状态，使身体各器官系统机能迅速地进入工作状态，以适应剧烈运动的要求，减少或防止运动损伤的发生。整理活动能够克服机体的生理惰性，加速肌肉组织的新陈代谢，调节运动情绪，可使人体更好地从紧张的运动状态逐渐过渡到相对的安静状态，并可消除机体内的代谢产物，减轻肌肉酸痛和消除疲劳。

（三）饭后不宜立即进行剧烈运动

饭后不能立即运动。强度运动可在饭后两小时后进行，中度运动应在一小时后进行，轻度运动在半小时以后进行最合理。主要原因如下。

1. 刺激胃肠

若饱食后进行运动，胃肠道已开始紧张工作，大量血液流入消化器官，会给胃肠带来机械性刺激，使胃肠内溶物左右上下振动，可引起呕吐、胃痉挛等症状。

2. 血流分配紊乱

饱食后消化器官需要大量血液来消化吸收，当全身肌肉在运动时，也需要大量血液参与，于是就会夺取消化器官的血液量，使消化机能减弱。长此以往，轻则可引起消化不良，重则可导致消化道慢性疾病。

3. 影响运动效果

人体进食后体内交感神经受到抑制，此时训练，运动效果不显著。另外，饭后胰岛素分泌上升，可抑制脂肪的分解，能量的来源就会受到限制。由于脂肪分解少，减肥运动也不宜在这个时间段内进行。

（四）注意训练时的饮水卫生

与体育训练后进食不同，体育训练后的补水是可行的，只要口渴，在运动后甚至在运动中即可补水。在天气较热的情况下，大量排汗引起体内缺水，不及时补水，可能会造成肌体脱水、休克等。最近的研究发现，中等强度的体育训练后，胃的排空能力有所加强，因此，运动后或运动中的补水是可行的。

补水要注意科学性，不可暴饮。剧烈运动时和运动后，均不宜一次性大量饮水，运动时的饮水应以少量、多次为原则。饮用不同成分的饮料对人体也有影响，运动中排汗的同时也伴随着无机盐的流失，因此，运动后最好饮接近于血浆渗透压的淡盐开水，以保持体内的盐平衡。也可选用橙汁、桃汁等原汁稀释饮料，不要饮含糖量过高的饮料。

（五）选择适宜的训练场所

1.要选空气清新的地方

由于体育训练时，体内代谢加强，肺通气量增加。环境被污染的地方，工业废气、汽车尾气的排出，造成空气成分发生很大的变化，这时如果吸入有害物质，会比平时吸入的增多，就会危害健康。

若在人数多、通风换气不充分的体育馆或密闭的室内进行体育训练，由于空气中的二氧化碳含量过多，可使人头晕、运动能力下降，对人体产生不良影响。另外，雾大不宜进行体育训练，因为雾中多含有尘埃、细菌和其他有害物质。

2.运动场地的要求

训练时还要选择合适的场馆，场地不能过于狭窄，要平整，不能有碎石杂物，空中也不能有悬挂物，以免发生碰撞和损伤。场地不能太滑，做跳跃运动的场地不能太硬。游泳时游泳池要符合标准，水质要过关。

运动场地周围应合理栽种各种树木，这样可以改善空气环境。室外篮球、排球、网球场，以土质为宜，场地须结实平坦。足球场最好是草皮场，要求保持平整、结实而富有弹性。在跳远坑里，应垫上干净的沙子，使用前应将沙子掘松，用耙子理平。投掷标枪、铁饼、铅球的区域，地面要平整，铁饼投掷区应三面围上铁丝网。

体育馆应有完善的通风和照明设备，室内或夜间的场地采光和照明要充足，光线要柔和、均匀、不炫目，应经常开窗通风换气。体育馆内应保持清洁卫生，馆内应设有更衣室、温水淋浴室和厕所等。

3.运动器械

田径运动：投掷用的各种器械表面要光滑，无破裂处，无泥土；器械的重量和大小，要符合训练者的年龄和性别特点。

体操运动：体操用的各种器械，例如单杠、双杠等，表面要光滑，安装要牢固，落地处应放置体操垫。在上器械前，手掌可抹些镁粉，目的是为加大摩擦力，以防脱手而引起事故。

球类运动:使用的球必须符合规定标准。练习或比赛时,应充分利用保护装置,例如护腿、护膝等,这样可以防止运动损伤。

4. 避免强烈的日光照射

室外运动时,要避免强烈日光的过度照射,防止紫外线和红外线对人的损害。在强烈的阳光下活动,特别是在高原地区,应戴遮阳镜或太阳镜,减少太阳射线对头部和眼睛的直接照射,或抹一些防晒霜以保护皮肤。

5. 运动衣着

服装能保护人体免受外界环境的各种不良影响。服装的保温性、透气性、吸湿性等,均具有重要的卫生作用。因此,运动时穿的衣服要轻便、舒适。经常从事体育训练的人,要勤洗勤换运动衣裤,尤其是内衣裤,以免汗液和细菌污染机体健康。

鞋子尺寸应以合适为原则。从卫生学的观点看,运动鞋应当轻便、富有弹性,具有良好的透气性。另外,袜子应当通气良好,吸汗性强,而且干净、柔软、富有弹性。

(六)训练后的保暖和洗浴

体育训练后洗澡不仅可以保持皮肤的清洁卫生,还能使神经系统的兴奋性降低,体表血管扩张,血液循环加快,从而改善肌肤和组织的营养状况,降低肌肉紧张,加强新陈代谢,有利于肌体内营养物质的运输和疲劳物质的排除,提高睡眠质量。

训练后进行温水浴是消除疲劳的好方法,水温 40 ℃左右为宜,时间为 10～15 分钟。体育训练后不能立即进行冷水浴,否则,不仅不能消除疲劳,而且会引发各种疾病,严重的会当即休克甚至死亡。因为这时如果进行冷水浴,会迫使皮下血管迅速收缩,热量散发不出来,肌体就会因热量积聚而发生代谢紊乱,从而引起疾病。

同时,剧烈运动后,肌体的免疫力有所下降,这时如果不注意保暖,各种病毒细菌就会乘虚而入,造成感冒、发烧等症状。因此,训练后应赶快穿好衣服,不要等凉了以后再穿。

四、女子体育训练的卫生

女子参加体育训练,除了要遵循一般成人体育训练的卫生要求外,还需注意女性的身体特点。

(一)根据自身的生理特点选择适当的身体练习

多进行平衡性、柔软性、节律性和动力性的练习,多进行发展腹肌、手臂肌和骨盆肌的练习。最好避免采用剧烈震动和引起腹内压升高的身体练习。

女子体育训练的一般要求如下。

(1)女子呼吸系统和心血管系统机能比男子差,在训练中总体运动量比男子要相对小些。

(2)女子肩部较窄,臂力较弱,故避免做过多的持久的支撑、悬垂和大幅度摆动。女子在青少年时期,骨盆尚未发育完全,不要过多地进行负担量过大的负重练习,如从高处跳下、举重等练习。

(3)根据女子爱美心理和柔韧性较好的生理特征,可多选择一些节奏性较强、轻松活泼的练习,如艺术体操、舞蹈等项目。

(4)为塑造形体美,可多选择一些增强腰背、腹肌和骨盆底肌的练习,如仰卧起坐、仰卧举腿等练习。

(5)要重视全面身体素质训练,克服和改善女生的生理弱点,努力提高力量、耐力等身体素质,使之终生受益。

(二)月经期体育卫生要求及其他

月经是女子正常的生理现象,经期一般不出现明显的生理机能变化。所以,身体健康的女子在月经期间不必完全停止体育训练,适度的体育训练还有助于女子经期的平稳过渡。在经期参加适量的体育活动,不仅可以改善盆腔血液循环,减少盆腔充血,而且由于运动能起到对子宫的柔和按摩作用,有利于经血排出,并且可以调整大脑皮质的兴奋和抑制过程,有利于人体机能的正常运行。月经期易出现情绪波动、烦燥,适当参加一些体育活动,可使精神愉快,情绪放松,神经过程得到调整。但在月经期必须注意下列事项。

(1)运动量要适宜,训练时间要适中。运动时间不宜过长。对月经初期的少女,由于经期尚不稳定,运动量更要小些。对恐惧经期期间训练者,要多帮助指导,使之逐步形成经期训练的习惯。

(2)身体健康、月经稳定者,经期第 1～2 天可进行轻微性体育运动,如广播操、传垫排球等;第 3～4 天可逐渐加大运动量,如进行球类活动和慢跑等;第 5～6

天便可正常地参加训练。

(3)不宜做震动性大、对抗性强的动作。月经期间应避免做振动大的跳跃、憋气和静力性练习。更不宜参加游泳、长跑、跳跃或持续时间较长的快速运动,因为月经来潮时子宫开放,子宫内膜破裂出血,游泳时容易使病菌侵入体内生殖器,引起炎症性病变。

(4)如果出现月经紊乱、痛经和明显腰部酸痛等情况,则应暂时停止体育训练。必要时进行相应的医务检查。

(5)经期应注意保暖,避免寒冷刺激,以防发生痛经、闭经或月经淋漓不尽等。经期也不宜进行日光浴,否则易引起经血量过多。

女同学参加跑步、跳跃等运动时,无论乳房本身大小,下垂与否都应戴乳罩,乳罩的大小松紧应适度,注意不过松不过紧,以免影响乳房和胸廓的发育。

有些女同学一味追求线条美,腰带勒得过紧,使腹腔脏器肝、脾、肾、胃、肠等紧压在一起,造成消化道血循环不良,消化吸收功能下降。长期束腰会出现子宫脱垂,引起尿失禁,还会由于腹压升高使静脉回流不畅,引起痔疮、盆腔炎、下肢静脉曲张及血栓形成。所以束腰对健康危害很大,要及早摒弃。积极参加科学而系统的体育训练和健美训练,才是塑造健美体形的正确之路。

第二节　科学运动训练过程监控

一、基本概念

运动训练过程监控是运动训练工作重要的一个环节,而做好这项工作的前提就是要知道监控什么,为此,准确领会运动训练过程监控的基本概念就显得很有必要。

(一)运动训练过程

从狭义上讲,运动训练过程是运动训练的主体——运动员在教练员的指导下参加每次训练课持续的过程或这种过程的累积。通常是指从一次训练课的准备活动开始到训练结束的一段时间,也可以是一段时间内训练课的累积,不包括训练课以外的时间。

从广义上讲,运动训练过程是运动训练的主体——运动员从事训练活动期间，参加训练课及训练课以外持续的整个时间，既包括训练课的持续时间，也包括训练课以外的所有时间，训练课以外的时间被看作是训练课的延续，是训练课之间的身体机能调整，它的持续时间可以是1天、1周、1个月甚至1年、多年等。

（二）监控

监控就是监测和控制、调控，是一定的行为主体为达到某一目标或为完成一定任务，通过对确定的行为对象——客体进行定期或不定期的不断监测、检查、监督，获取相关信息.并对信息进行分析，提出调控信息，控制或不断调整客体行为，从而达到既定目标或完成既定任务的活动过程。

（三）运动训练过程监控

运动训练过程监控，就是在运动训练过程中，为了确保训练过程的科学化、实现训练目标，以科研人员为主对运动员的训练过程实施监测和评定的活动和以教练员为主对运动员训练过程实施调控的活动过程的统一。即科研人员运用一定的测量指标对运动员承担训练负荷、训练效果、训练质量、身体机能状况等进行分析与评价，教练员根据科研人员的监测和评价结果对运动训练计划和训练活动实践进行调控，从而达到科学训练、实现训练目标的活动过程。

运动训练过程监控的定义，主要阐明了以下几个要点。

1.运动训练过程监控是一个活动过程

由于运动训练进行的步骤和程序本身是一个动态变化的过程，因此，对训练过程的监控也应是一个动态的过程。只要运动训练过程发生，运动训练过程监控就应进行。运动训练过程的一个重要特征是长期性和不间断性，因此，训练过程监控也应是一个长期的、不间断的过程。

2.运动训练过程监控实施的主体是科研人员和教练员，客体是运动员

作为监控主体的科研人员和教练员负责运动训练过程监控计划的制订、监控方法的选择与设计、监控过程的实施、监测结果的分析、调控信息的确定等。他们组织、控制着整个运动训练过程。作为监控客体的运动员在训练过程中承担的训练负荷、竞技能力状况、机体机能的变化与疲劳恢复、伤病、营养等，均是运动训练过程监控的直接对象。

3.训练过程监控是以确保运动训练的科学化、实现训练目标为主要目的

运动训练的主要目的就是要最大限度地发挥人的机体的潜力，创造最好成绩。要达到这个目的，需确保训练过程的科学化，以提高训练的质量，进而提高训练效果是关键。而运动训练过程监控的目的与任务就是通过对训练过程的不断监测、检查、评价，并对运动训练计划制订出调控信息，确保训练的质量。

4.运动训练过程监控是“监”的活动与“控”的活动的统一

运动训练过程监控实施分两个阶段：第一阶段是对运动员训练过程中的各个因素进行监测、检查；第二阶段是对监测的结果进行评定、分析，并对下一阶段的训练计划提出修改意见或建议。这两个过程不是孤立存在的，而是紧密联系的，前者是后者的前提和基础，后者是前者的目的和结果，二者是有机的统一。

在运动训练过程监控中，有时运动员对自己各个方面的感觉更直观，能够实现自我监控。对于运动员的自我监控，我们把它看作教练员与科研人员实施监控的手段的延伸，它只是教练员和科研人员获得运动员信息的一个重要途径。所以，从这个意义上讲，运动员不是监控的主体。

训练监控和训练过程监控到底用哪个概念更好？我们认为，还是用“训练过程监控”较好，因为“训练”一词是一个较笼统的概念，并且比较口语化。而“训练过程”更具体，更能反映训练是一个动态的、长期的、具有阶段性的、包括多个环节的过程。

二、目的和意义

在运动训练过程中，运动员经常会出现训练不足和过度训练的情况，训练不足会造成体能缺失、技战术稳定性不高、心理状态失衡；而过度训练会造成过度疲劳、损伤、疾病、神经驱动力丧失、过度敏感与兴奋。训练不足和过度训练都不能使我们取得最佳的训练效果，进而获取最好的运动成绩。而运动训练监控的介入可以使整个运动训练过程的计划与实施更具针对性、有效性，提高运动训练的效率，最终达到对运动训练过程的最佳化控制。所谓最佳化控制，就是指对控制的目标、方法和途径的最优化选择，其目的是使某一控制指标达到预定的最大值或最小值或最适宜值。

由此，可以认为，运动训练监控的目的就是要使运动训练安排具有针对性和有效性，进而取得最佳训练效果。有效是运动训练监控的初级目标，取得最佳训

练效果是运动训练监控的高级目标。

运动训练监控的意义:(1)确定运动员的现实状态;(2)优化运动训练的内容、方法与负荷;(3)控制运动训练的效果;(4)激发和保持运动员的训练热情和动机;(5)避免训练不足和预防过度训练;(6)预测运动员的训练潜力和运动成绩。

三、基本内容

运动训练监控是训练过程的一个主要组成部分,它利用生理生化的方法和技术,测定运动负荷训练过程中运动员体内的一些生理生化指标,以评价运动员训练时的负荷强度和量、训练方法和手段的合理性与效果及机体对运动训练产生的适应信息、恢复效果等,从而帮助教练员了解训练效果,正确评价和调整训练方案。运动训练的生理生化监控涵盖了运动训练过程的前、中、后及动态的和静态的全方位的监控。

竞技能力发展状况监控子系统是检查运动员阶段训练效果的子系统。竞技能力是运动员比赛成绩的决定性因素,提高运动员的竞技能力是运动训练的根本任务,运动训练效果的好坏主要表现为运动员竞技能力是否得到有效提高。因此,构成竞技能力的各个因素均应作为被监控的内容。对运动员竞技能力发展状况的监控主要包括体能、技术能力、战术能力、心理能力的监控。通过本系统的监控,主要是检查所实施的运动训练能否有效改善运动员竞技能力的各个方面,从而检查所采用训练计划、训练方法与手段等设计的有效性。

运动员承受训练负荷状况监控子系统主要为分析竞技能力发展状况提供依据。竞技能力发展主要取决于训练负荷,无论运动员的竞技能力能否取得改善,均应对运动员在训练过程中实际承受的训练负荷进行分析。因此,本子系统主要对运动员在训练中实际承受的各类负荷量、负荷强度及不同的负荷手段等进行系统监控。运动员训练与比赛期日常身体机能状态和心理状态监控子系统:主要为保障运动员正常训练与比赛提供良好的身体、心理状态的子系统。及时监控训练对运动员身体机能、心理造成的影响及运动员身心疲劳与恢复状况,为检查训练手段的效果及安排下一步的训练提供依据。

身心健康状况监控子系统同身体机能、心理状态监控子系统一样,也是为保障运动员正常训练和比赛提供良好的身体和心理状态的子系统,与此同时,健康通常同伤病联系在一起,是医务人员才能解决的问题。因而它主要侧重于对运动员身心疾病等的监控与预防。

营养状况监控子系统是为保障运动员保持正常训练和比赛提供科学合理营

养状态的子系统。运动员在运动过程中所需要的能量及调整身体正常机能状况的各种维生素、微量元素等均是通过营养来提供。对运动员的营养状况进行监控，一方面是确保运动员训练的必需能量和维持身体工作的各种营养素及如何确保运动员以最佳的营养状态去参加训练与比赛；另一方面也为分析运动员的身体机能状况提供参考。

四、基本类型

运动训练过程监控可以按不同分类方法划分为多种类型。

(一)按监控内容与运动成绩关系的不同分类

按监控内容与运动成绩关系的不同，可以将运动训练过程监控分为决定性因素监控和影响性因素监控。

众所周知，影响运动员运动成绩和运动训练过程实施的因素有许多，但归纳起来不外乎两大类：一类是内部因素，是运动成绩与运动调练效果的决定性因素；另一类是外部因素，是影响运动成绩和运动训练过程实施的次要因素。

内部因素，主要指决定运动成绩的竞技能力和决定竞技能力的运动训练方法与手段。运动训练的目的就是通过一定运动训练办法与手段，提高运动员的竞技能力，从而取得优异运动成绩。所以，内部因素是训练和比赛的核心因素，要想提高运动成绩，只有通过改进训练方法和手段，提高竞技能力才能实现。

外部因素，主要指影响运动成绩和运动训练过程实施的可控因素，主要指运动营养状况、机能恢复状况、身体健康状况等因素。这些因素本身不能提高运动员的比赛成绩，但它们能保障训练和比赛的正常进行，最终确保运动员获得优异运动成绩。

(二)按监控实施间隔时间长短的不同分类

以监控实施间隔时间长短的不同为依据，可分为即时监控、日常监控和阶段监控。

根据从一种状态过渡到另一种状态所需要时间的长短，人们通常将运动员的状态分为三种类型，即阶段性状态、日常状态、即时状态。所谓阶段性状态，是指运动员在较长一段时间内，如 1 周、1 个月、数月由训练效果累积而获得的相对稳定的状态。所谓正常状态，是指在一次或几次训练课的影响下，即训练效果短时间作用下，身体所处的状态。所谓即时状态，是指运动员在完成一次身体练习的影响下，身体状态即时、迅速所发生的变化，由于持续的时间非常短暂，这种状态也称为即刻状态。教练员只有及时和准确了解运动员的状态，才能有效监控训练的进程，并确保训练的效果。

(三)按评价类型的不同分类

按评价类型不同可以分为结果监控和过程监控。

所谓结果监控，通常指经过一段时间后，对运动员竞技能力和身体机能状况进行检查评定，以检验训练的效果，即在一个点上进行的监控。结果监控实施的间隔时间相对长些，如 1 周、1 个月，或一个训练周期。所谓过程监控，即在一个时间序列上进行的监控，这里主要指对每次训练课所采用的每一种训练方法和手段对运动员机体产生的影响及运动员每天的饮食、伤病等进行监控。

如果说结果监控是反映一段时间训练效果的话，那么，过程监控是反映这一效果产生的原因。可以说，过程监控是为了更好地解释、说明产生监控结果的原因。以时间为轴，我们把即时监控和日常监控看作是过程监控，把阶段性监控看作结果监控。当然，这都是相对的，对于由 4 个月组成的准备期来讲，每一个月的监控相对于每次训练课来说是结果监控，而相对于 4 个月来说又是过程监控。

(四)按周期训练理论分类

20 世纪 60 年代马特维耶夫提出的周期训练理论，至今仍在我国竞技体育训练理论中占主导地位。当下，随着竞技体育比赛形式及比赛次数的变化，虽然周期训练理论受到诸多质疑，但其主要思想仍然是指导训练的重要理论依据。周期训练理论把一个训练的大周期分为准备期、比赛期与调整期。因此，可以把运动训练过程的监控分为准备期监控、比赛期监控和调整期监控。

但为了突出赛前训练期的地位及为了分析问题的方便，按照周期训练理论，还可以把训练过程监控划分得更细些，即可分为基本训练期监控、赛前训练期监控、赛中监控与赛后调整期监控。基本训练期监控的根本目的是为保障训练过程的安全、有效实施，辅助提高运动员主项所需竞技能力的发展水平，为比赛打好基础；赛前训练期监控的根本目的是保障运动员在基本训练期已获得的竞技能力发展水平、身心健康状况、营养状况等都调整到最佳的竞技状态，准备参赛；赛中监控的根本目的是保障运动员能以最佳竞技状态参赛，并监测运动员在比赛中的发挥情况，为下一周期的训练提供参考；赛后调整期的监控主要是为了确保运动员能迅速恢复体能，防止身心疾病，以最短的恢复时间进入下阶段训练。

五、基本特征

运动训练过程监控主要表现以下四个基本特征。

（一）全程性和全面性的统一

从时间和空间维度上看，运动训练过程监控具有全程性和全面性统一的特点。

所谓全程性特点，主要是指在时间维度上，运动训练过程监控是过程监控和终末监控的统一，是即时监控、日常监控和阶段性监控的统一，是基本训练期监控、赛前训练期监控、赛中监控与赛后调整期监控的统一。进一步讲，运动训练过程监控不是一次或几次的测试，也不是一个月或两个月的监测，而是只要运动员从事训练活动，每天都应进行监控。

所谓全面性特点，主要是指在空间维度上，全面对运动员进行监控，既包括对运动成绩的决定性因素的监控，又包括对运动成绩的影响性因素的监控。具体讲，在运动训练过程中，应从运动员的竞技能力、承受运动训练负荷、身体机能变化与恢复状态、营养状况和身体健康状况等几个方面全面进行监控。运动训练过程监控的全程性，有利于对运动训练进行纵向的对比，这是运动训练过程监控的核心特征，只有通过纵向的对比，才能检查训练的效果及准确分析产生的原因。运动训练过程监控的全面性，是确保运动训练过程监控有效性的前提和保证，只有把运动员在训练过程中的所有信息全面完整地整合、统一起来，才能准确分析运动员的状态和训练效果。

（二）共性和个性化的统一

所谓运动训练过程监控的共性，是指对于从事同一项目的运动员来说，由于项目自身的特点是固有的，制胜的规律是一致的，那么对运动员训练过程监控的要求总体上应是统一的，监控的主要指标及监控时间的安排规律也基本一致。

所谓运动训练过程监控的个性化，是指对于每一个运动员个体来说，他具有自身的特殊性，如年龄、性别、专项水平、身体状况、技术特长等不同。所以，运动训练过程监控在共性的基础上，还应该针对每一个运动员个体的特殊情况，有区别地设置监控指标，确定监控方案。运动训练过程监控的共性，有利于运动员之间的横向对比，以了解所监控运动员总体的发展趋势；运动训练过程监控的个性，又有利于充分满足运动员个体的特殊需求，以使每一个体都能得到最佳的发展。

（三）定性评价和定量评价的统一

从测量评价学的角度看，运动训练过程监控就是通过对运动员竞技能力、身体机能、身心健康状况的评价，提出下一步训练的调控信息，并及时反馈给教练员的过程。从这个角度讲，监控指标体系的各指标也是评价指标。运动训练过程监控指标体系中大部分指标是直接通过测验、实验等定量指标来客观评价训练过程中运动员的各种状况。但也有少数指标是不能用仪器直接测量的，如运动员疲劳感、用力感及一些心理因素，则需要通过一些定性的方法来评价。这些定性评价有时是定量评价所不能代替的，在运动训练过程监控中具有重要作用，是对定量评价的补充和深化。因此，必须把定量指标的定量评价与定性指标的定性评价统一起来。

（四）静态性和动态性的统一

从对监控监测结果如何合理解释的角度看，运动训练过程监控具有静态性和动态性统一的特点。一些保障性指标，如反映身心健康类指标、营养状况指标、身体机能恢复等指标，大多能直接反映当前运动员的发展状况，如果这些指标检查出异常，应马上提出调控建议。而对于竞技能力、运动员承担负荷状况等指标，则需要通过一个相对较长的时间才能反映出一定的规律来，不能通过 1 天、1 周或 2～3 周的训练就能表现出来。所以，对于这些指标通常不要在监测结果出来后马上提出调整建议，而是经过几天、几周，甚至几个月的动态监测才能评价结果。因此，从这个角度讲，运动训练过程监控具有静态性和动态性统一的特点。

六、应用

在运动训练实践中，我们常用血乳酸、心率、及血乳酸与心率相结合等生理和生化指标来监控运动训练过程。

(一)血乳酸在运动训练过程监控中的应用

1. 评定运动员训练水平

(1)评定有氧运动能力

我们把个体在渐增负荷中乳酸拐点定义为“个体乳酸阈”。乳酸阈是反映骨骼肌代谢水平和有氧工作能力的重要指标,其可通过多级负荷实验和两点法做出的血乳酸—速度曲线来评定运动员所具有的有氧能力,当血乳酸达到 4 mmol/L 时所对应的速度越高,说明有氧能力越强。另外,通过同等条件的第二次测试,在记录成绩的同时,检查血乳酸的变化,如果 4 mmol/L 时所对应的速度提高了,说明该运动员有氧能力也相应提高了;如果 4 mmol/L 时所对应的速度下降了,说明该运动员有氧能力也相应下降了。

(2)评定无氧能力

①ATP—CP 供能系统能力的评定(适宜于举重和田赛中的投跳项目):做功大而乳酸值低者,说明 ATP—CP 系统储备高,做功小乳酸值高,说明 ATP—CP 系统储备低;②糖酵解能力的评定:主要是测定最大血乳酸值,高水平运动员的血乳酸值越高,说明运动员机体耐受乳酸能力越高,糖酵解越快,供能多,肌肉适于参与剧烈运动,即无氧能力较好;反之,最大乳酸能力较差,即无氧能力较差。

例如,篮球运动员血乳酸的测试要结合运动持续时间和个体差异等情况确定运动后取血的时间,以便能够测到血乳酸峰值。比赛现场测试可安排在暂停、换人或每节休息时间,运动员下场即刻采指血。篮球运动是一项对抗性很强的运动,最激烈的对抗常常出现在比赛中,因而测试每名队员在不同比赛中的血乳酸值,对平时训练强度的安排和掌握具有指导意义。同时,比赛中不仅是激烈的对抗,更重要的是运动员能在这种激烈对抗中保持稳定的技术,提高成功率。研究发现,比赛中运动员血乳酸升高到一定程度后技术稳定性下降,成功率下降,表现在投篮命中率上尤其明显。因此,有必要测试运动员在高血乳酸条件下技术的稳定性,评价篮球运动员专项的耐乳酸能力,并针对性地进行提高运动员血乳酸条件下技术稳定性的训练。

2. 制定运动强度

(1)乳酸阈强度

个体乳酸阈强度是发展有氧耐力的最佳强度,其理论依据是,用个体乳酸阈强度进行训练，既能使呼吸和循环系统机能达到较高水平，最大限度地利用有氧功能，同时又能在能量代谢中使无氧代谢的比例减少到最低程度。

(2)最大乳酸训练

机体生成乳酸的最大能力和机体对它的耐受能力直接与运动成绩相关。研究表明，血乳酸在12～20 mmol/L是最大无氧代谢训练所敏感的范围。为使运动中能产生高浓度的乳酸，强度和密度要大，间歇时间要短，练习时间一般要大于30秒，以1～2分钟为宜。这种练习强度和时间及间歇时间的组合，能最大限度地动用糖酵解供能系统供能的能力。

(3)乳酸耐受能力训练

乳酸耐受能力一般可以通过提高缓冲能力和肌肉中乳酸脱氢酶活性来获得。因此，训练中要求血乳酸在12 mmol/L左右，重复训练，刺激机体对这一血乳酸水平适应，提高缓冲能力和肌肉中乳酸脱氢酶活性。

3. 评价训练负荷效果

运动时血乳酸浓度上升，与运动强度密切相关。运动后血乳酸值升高幅度大，表示运动强度大；通过一段时间的训练，血乳酸升高的幅度减少，则表明机体对此训练量适应。有研究指出运动后血乳酸浓度与无氧耐力运动成绩有密切的联系；运动后心率的恢复与乳酸清除率并不平行，心率恢复的程度并不能真实反映体内乳酸的清除情况；乳酸清除率较心率恢复率可更确切地反映无氧耐力运动员运动后恢复的程度。

(二)心率指标在运动训练过程监控中的应用

运动员心血管系统的结构与功能是训练监控和运动医学监督的中心环节，在耐力性项目中心脏功能尤其重要，监控运动员心脏功能的常用指标有心率、血压和心电图等，在训练监控中最常用的是心率。心率是心脏周期性机械活动的频率，即每分钟跳动次数，以次/分钟(b/min)表示，测量心率的最简单办法是计算脉搏，因为脉搏与心率一致。

运动员常需测定基础心率、安静心率、运动时心率和运动后恢复期心率。

1. 基础心率

基础心率是清晨起床前空腹卧位心率，一般基础心率较为稳定。

2. 安静心率

安静心率因身体状态不同及个体间差异而不同。正常健康成人的心率在 60～80 次/分钟之间；运动员安静时心率范围在 45～80 次/分钟。

3. 运动时心率

该心率和运动负荷强度有密切关系。极量强度负荷时，心率在 180 次/分钟以上；亚极量强度负荷，心率在 170 次/分钟左右；中等强度负荷，心率在 140 次/分钟左右。

4. 最大心率

一般用 220 减去年龄估算。

5. 运动后心率

随运动后恢复时间而不同，如运动后立即或 5～10 min 可反映身体对负荷的恢复速度；次日晨一般能恢复至基础心率。

由于心率和负荷强度及运动后恢复过程有关，血乳酸和负荷强度也相关，因此，可以同时测定以评定负荷后身体机能和训练方法反应。

(1)训练或比赛期安静时心率

运动员安静时心率受训练后恢复或赛前状态影响，发热或流感的安静时心率会大大升高。因此，测定运动员安静时心率要注意具体分析。

(2)心率与运动强度

运动训练时，心率在一定负荷强度内和负荷强度正相关，超过一定强度负荷后心率与强度不成正相关，心率超过 190 次/分钟后运动强度增加，心率递增逐渐减缓，用心率监控负荷强度时应注意在此范围间的关系。

(三)血乳酸和心率相结合在运动训练过程监控中的应用

血乳酸在 4 mmol/L 时的心率简称 HR4，HR4 训练是指运动强度达血乳酸 4 mmol/L 时的心率。因此，在测定乳酸阈的同时，要测定心率，以找出 HR4 的值。在训练课中以心率来掌握血乳酸 4 mmol/L 时的训练强度，就不用在每次训练课中都测血乳酸。但经过一个训练阶段后需重新测定，以了解训练对乳酸阈的影响来评定训练效果。如运动员在训练季度开始时的 HR4 可能是 160 次/分钟，经过一个阶段训练后，可改变为 170 次/分钟。

第三节 运动负荷研究

一、运动负荷基本概念

负荷作为一个概念是从认识论意义上对物质运动过程现象的描述，它是一个普遍概念。时间和工作量度是对负荷性质的限定，工作量度是负荷的本质属性。没有时间的工作量不能称为负荷，只谈时间而不谈及工作量也不是负荷。

运动训练一定存在运动负荷，但是运动负荷并不一定为运动训练所独有，在其他方面如在学校的体育教学、社区的健身娱乐、康复保健中都存在。所以，运动负荷是上位概念，其下分为训练负荷、比赛负荷、教学负荷和健身负荷。这种划分区别了不同环境下主体从事不同目的、不同方法运动的运动负荷性质，也暗示了不同种类负荷目的、内容、方式的不同，需要“区别对待”。

运动训练过程中因为主体工作的性质决定了运动负荷主要指训练负荷。训练负荷更加明确了负荷的主体及其目的、内容、方式及手段，与此相应的就有运动竞赛中的竞赛负荷。

训练负荷是指运动训练过程中运动员机体在一定时间内所承受的工作量。“负荷是刺激”与“负荷是工作量度”很显然是对“负荷”本质的两种根本不同的理解。我们说负荷必须具备刺激的特性并能够产生效应，但是不能够说负荷本身就是刺激，因为正是将有机体作为对象，负荷才有意义。负荷是通过一系列负荷指标来衡定，这些负荷指标本身反映了量度大小，而不反映刺激大小。“一定时间”内的“工作量度”限定，使所有只要是工作量度都可以成为负荷的范畴，这也为负荷分类提供了自然基础。

生理负荷和心理负荷并不是负荷，而是负荷效应。

运动训练中的运动负荷、训练负荷的本质反映了“负荷”的一般特征，即是有机体在一定时间内的工作量度。其本身并不是刺激，更不是应答。通过负荷可以对有机体产生刺激，并有相应的应答，这是必须理顺的逻辑关系。所谓的“生理负荷”与“心理负荷”是训练负荷作用下有机体在生理与心理上的效应，或者称“负荷后效”，而不是负荷。内部负荷与外部负荷的提出在认识论、方法论上，在逻辑学上都缺乏理论基础，其概念并不成立。

运动负荷根据运动主体及其运动目的、内容、方式、过程等有多种划分方式，例如可以分为训练负荷、竞赛负荷、教学负荷和健身负荷，这也是对体育学概念体系现有结构的回应。由于有量度，特别是有“一定时间”的限定，负荷的内容、时间、方式与节奏才能够成立。负荷是工作量度，可以帮助我们更好地认识负荷量和负荷强度，也为负荷量与负荷强度的提出提供了依据。

二、运动负荷的构成因素

运动内容、运动强度、运动数量、运动密度是构成运动负荷描述的基本因素。

（一）运动内容

运动内容由身体活动的性质规定。不同的运动内容，对人体系统内部机能状态的影响也不同。根据运动内容所对应的生理负荷时间变化曲线，把运动内容大体划分为三类：脉冲式（如掷铅球）、阶跃式（如急行跳远）和平台式（如马拉松跑）。脉冲式的运动内容对人体的影响是突发的冲击，缺少明显的启动准备期，自身过程的时间持续极为短暂。阶跃式的运动内容虽对人体的影响也具有突发性，但自身过程的时间持续相对较长，且有明显的启动准备期。平台式的运动内容，自身持续的时间较长，对人体的影响在一定层次上保持相对的稳定。一次体育锻炼或运动训练，往往不是单一运动内容的一次性行为，而是多项运动内容的组合与反复。因此，分清运动内容的性质，是有效进行运动内容组合反复的前提。从而使人体系统在时间内的机能状态变化，相对突发性的间断与离散表现出较强的连续性，相对突发性的波动与落差表现出较大的平稳性。当然，也并不排除单一运动内容一次性行为与单一运动内容自身反复的情况存在。

运动负荷对外部身体活动的定量描述，应该首先明确运动内容。离开运动内容谈运动负荷没有意义。而且运动内容必须具体。运动内容的具体，不纯粹是为了使其性质规定更突出，同时，在一定程度上也是一种“量”的限定。如 100 米跑（一维空间限定）、3000 米跑（二维空间限定）、篮球比赛（时间限定、空间限制）、羽毛球比赛（比分限定、空间限制）等。因此，在对运动内容“质”的把握时，还应重视它所蕴含的“量”的限定。

（二）运动强度

运动强度是完成特定运动内容的个体能力水平的规定。它通常用个体在一段时间内的最高能力水平的百分数来表示。所谓“最高能力水平”，即对于特定的运动内容，个体竭尽全力所能达到的运动效果。如100米跑的最短时间，负重下蹲的最大重量。一段时期内的最高能力水平，也称为该时期的最大运动强度。在运动训练中，由于追求的是训练总时间内的过程高质量，因此，并不要求对每一运动内容的完成都竭尽全力，而是要有所控制和保留。也就是说，不是用最大强度去做，而是只用最大强度的90%或80%的努力去做，称之为0.9强度水平或0.8强度水平。对于“一段时期”的长短，没有具体的规定，而是一种经验性把握。只要个体能力水平的增长不明显，或增长的幅度对运动训练的质量要求影响不明显，都不必急于或经常地修正最大强度。

在体育实践中，对能客观评价运动能力效果的体能性运动内容，最大强度容易确定，而且对运动训练有较大的实际价值；对技巧性太强而体能要求不高的技能性运动内容，最大强度的确定就比较困难，即使确定了，运动训练的实际价值也不大。如投篮的运动强度，可以用保持正确投篮动作的最大距离来量度。但投篮更注重的是技术质量评价——命中率，而不是体能运用评价——强度水平。因此在运动训练中，总是力求前者更客观、更准确，对后者只作经验性的大概判定与掌握。过分苛求后者量的精确，反而会“喧宾夺主”。因为竞技体育运动训练的最终目的，是在竞技中获胜，而不是其他。显然，运动强度是一个有较大时变性特点的个体化指标。在实际应用中有较大的局限性和经验性。正是由于运动强度的这些特点，决定了运动负荷这一概念的相对性。

（三）运动量

运动量，是运动内容组合关系的数量规定。运动量虽然是对运动内容依时间先后而展开排列的过程结构描述，但它本身并不含有时间的约束，是一种单纯的量的规定。在总时间内，安排的运动内容越多，可能的组合结构就越多，其间的关系也就越复杂。运动内容的组合关系，不仅包括相同运动内容的重复和不同运动内容的结合，还包括在“重复”与“结合”基础上的反复与再反复。具体地说，运动量就是在制定运动内容先后秩序排列的过程中对反复次数和重复遍数的规定。通过这种规定，不仅反映了每次运动训练的总体构想和具体意图，而且整个过程也十分自然地被划分为若干阶段或小节，表现出每次运动训练的过程结构特点和工作着力重心。

（四）运动密度

运动密度是运动内容组合关系的时间规定。它是在运动数量的基础上，对运动内容按先后次序展开的继时关系的具体限定。由于运动内容的相对独立性和运动内容组合的目的针对性,必然要求运动内容的重复应有一定的时间停顿,运动内容的组合应有一定的时间过渡,运动内容的反复应有一定的时间间隔。因此,运动密度实质上就是对上述时间间歇的长短做出明确的限制,消除或减少行为过程中的随意性,以增强或提高其紧凑性和实效性。运动密度的确定,不仅使全过程阶段的划分更清楚,意图更明确,而且也使阶段内表现出单元或组的划分,使运动训练过程呈现出一种鲜明的节奏特征。

运动密度对时间间歇的限制,要注意区分两种不同的情况:一种为自然性时间间歇,另一种为人为性时间间歇。自然性时间间歇是运动内容相对独立性所决定的,主要是由于运动内容的初始态与终末态存在的空间错位所造成的时间延缓。如急行跳远结束后对原准备位置回复的时间耗费;掷铅球结束后捡球回位的时间消耗。自然性时间间歇虽是不可避免的,但却有较大的弹性。如急行跳远结束后,是走步回复原位或是跑步回复原位,就存在较大的时间差。对于全民性的体育锻炼,一般对自然时间间歇不作特殊要求,并按通常习惯的行为方式粗略地计算运动密度。对于竞技体育的运动训练,总是通过各种手段和方法来压缩自然时间间歇,以提高运动密度。如掷铅球,不是掷一次捡一次,而是掷完一定数量后,再一次性捡回,从而使训练的时间得到尽可能充分地利用。人为性时间间歇是由人体系统的有机性决定的,主要是由于人体不能较长时间维持较高强度水平的身体活动,需要一定时间做必要的缓解和休整,才能保证身体活动的延续。即使是较低强度水平的身体活动,持续太长时间,也容易疲劳,需适时做一定时间的松懈与恢复。另外,不同运动内容的转换,也需要一定的时间做身体调整和精神准备。人为性时间间歇,虽表现为过程的中断或暂停,但其实质却是为了过程更好地延续和更顺利地承接。因此,运动密度对于人为性时间间歇的规定,不仅应该是"充分的",即不能太短,否则人体不能承受,将出现身体锻炼或运动训练所不允许的"负效应",还应该是"必要的",即不能太长,否则将破坏过程的连续性,影响身体锻炼或运动训练所期望的"正效应"。

三、运动负荷的度量

运动负荷的度量就是要对负荷做出具体的计量。度量运动负荷分为强度与量两个方面。负荷强度是指负荷对机体刺激的深刻程度,是构成训练负荷的一个因子。负荷强度刺激引起的机体反应比较强烈,所产生的训练适应也比较深刻,能较快地提高机体各器官系统的机体水平,但不太稳定,解除负荷后消退得也较快。而负荷量是指负荷对机体刺激的数量，是构成训练负荷的另一个因子。负荷量引起的机体反应不如高强度刺激引起的反应那么强烈，但相对来说比较稳定，解除负荷后消退得也比较慢。负荷量与负荷强度彼此依存，相互影响。负荷量是负荷强度提高的基础，只有在一定的负荷量训练的基础上提高负荷强度，运动员训练负荷能力的提高才是稳固的。

在运动训练过程中，要根据不同专项、运动员、时期交替安排大、中、小训练负荷，使负荷量和负荷强度的变化序列、训练与恢复的协同组合在动态平衡中进行。运动训练可以比拟为一种刺激。通过施加负荷，使机体受到刺激，而机体则以适应的形式、对策对刺激做出反应。作为刺激的训练负荷和作为提高运动能力的机体的适应性，这两者之间的关系是因果关系。在运动训练时训练负荷是要机体从机能上、生物化学上和身体结构上各方面适应更高的训练要求。

(一)训练负荷大小的训练学指标

在运动训练实践中涉及训练负荷的 14 项因素，供教练们在制订训练计划和控制训练量时参考。教练能够比较容易地确定专项训练的内容和量，易于对同一运动员长期训练中各时期的比较和控制，同一教练训练的不同队员之间，也易于进行比较。但是在做统计时，有时会出现差别。如跑的距离，有人只算训练课上进行的，而有人把来训练场前跑的距离都计算在内，这是因为统计尺度不一。另一点，在专项训练上，强度是最主要的，如要求以每分钟跑 1 000 米的速度跑 10 000米，与要求以 6 分钟跑 2 000 米×5 组完成 10 000 米，显然强度不同。

涉及训练负荷的诸因素：(1)训练日数(天)；(2)训练次数(次)；(3)训练时数(小时)；(4)比赛次数(次)；(5)恢复次数：理疗、电兴奋等(次数或小时数)；(6)总休息天数(天)；(7)积极性休息课数(次或小时)；(8)因伤病不能训练数(天)；(9)训练的组数；(10)距离；(11)重量；(12)速度；(13)难度；(14)练习密度。

(二)训练负荷大小的生理、生化指标

在运动训练实践中涉及训练负荷的生理、生化指标主要有心率、血压、血乳酸、血尿素、血红蛋白、尿蛋白、尿肌酣等。然而，影响训练负荷的因素是多方面的，单一生化指标评定训练负荷往往有一定的局限性。从而会存在某些误差或限制。例如，采用血乳酸评定训练负荷强度，但无法了解训练负荷量；同样，采用血尿素评定负荷量，却无法了解负荷强度。有些生化指标既与负荷强度有关，又与

负荷量有关。如尿蛋白，训练负荷量大时，尿蛋白排出量增加，但当负荷强度加大时，其排出量更多，单独用尿蛋白作为评定指标，两者均难以确定。但如果增加另一些生化指标，如同时采用血乳酸、尿蛋白、血尿素三项指标进行综合评定，血乳酸与负荷强度有关，血尿素与负荷量及身体机能有关，尿蛋白既与负荷强度有关，又与负荷量有关，还与身体机能状况有关，这样，既可全面评定训练负荷的大小，又可客观了解运动员对训练负荷的反应。可见，训练负荷的生化评定应是一个多指标、多层次、多因素的整体综合评定，它可起到相互补充、扬长避短的作用，从而使教练员更科学地掌握和指导运动训练过程，提高训练效果。

四、运动负荷的合理安排

合理安排运动负荷，就是在训练中，根据训练任务、运动员水平，逐步地、有节奏地加大运动负荷。由于不同训练时期、阶段和小周期及训练课的具体任务、对象不同、技术水平的差异，运动负荷的安排要有所差别。如过渡期的训练，主要任务是调整、恢复，一般安排小负荷量。不同训练程度的运动员，承担负荷能力，适应负荷时间的长短，恢复功能都存在着个体差异。只有根据这些具体情况安排的运动负荷，才是合理的、科学的。逐步有节奏加大负荷量，就是加大负荷量—适应—再加大负荷量—再适应的过程。只有逐步训练，逐步适应新的运动负荷，运动能力才能提高。安排运动负荷要大中小相结合，运动员才能承担更大负荷。甚至是运动极限负荷，只有极限负荷才能对有机体产生强烈地刺激，以适应比赛的需要。最大负荷量是相对的，没有固定标准，只有根据运动员个体差异才能制定出不同的最大负荷量。

合理安排运动负荷量的科学依据如下。

(一)超量恢复的原理

运动员承担一定运动负荷后产生了疲劳—恢复—超量恢复的过程，要产生较为理想的超量恢复，就要有一个合理的休息时间及有效的恢复手段。在一定范围内负荷越大，刺激越深刻，产生的超量恢复水平就越高。

(二)适应训练的规律

有机体在训练过程中多次承担同一运动负荷量，就会对这一运动负荷量产生适应过程，机体适应后机体对运动就会产生节省化现象，机能的能力就不能进一步提高,停止在原来的水平上,运动成绩也受到影响。只有不断施加新的负荷,不断地适应,不断地再加大负荷量,才能不断地提高机能水平。如果不能按客观训练规律去逐步增加负荷量,而是盲目加大负荷量,超过运动员的承受能力,不但不能提高机能水平,而且还有碍健康。

(三)运动负荷合理性的标准

(1)有利于达到高水平的专项运动成绩。

(2)运动员有机体能够承受(即负荷的可接受性)。

(3)能够促使运动员各种能力产生定向变化。

(4)运动负荷量与强度要有适宜的比例。

(5)负荷安排的节奏要保证课与课之间衔接,能产生后续效应,即要能保证运动员有机体的生物学改造能够顺利进行。

(四)如何合理安排运动负荷量

首先要认识到训练中加大运动负荷本身不是目的,这只是提高运动员训练水平的一个手段,而不是越大越好,运动负荷大小是相对的。“极限负荷”不是固定指标,而是因人而变化的指标。教练员只有经过实践和科学研究,掌握资料,才能准确确立运动员的极限负荷量,才能做到安排合理的运动量。

1.掌握好负荷与恢复的关系

没有负荷就没有训练水平的提高,同时没有恢复,也就没有可能安排新的负荷。只有在机体承担一定的负荷后,得到适当的恢复,消除疲劳,才能使机体能力逐步得到提高。所以训练中每次课的负荷安排应在运动员机体能力得到恢复与提高基础上进行,训练课负荷之间的间歇过长或过短都不利于机体能力的提高。

运动员在训练过程中,要有充足的休息调整时间,以消除负荷后的疲劳,达到运动能力逐步提高的目的。因此,要使每次课的安排都在能使运动员的机体和机能得到恢复和提高的基础上进行。两次训练课之间的间歇时间不能过长,也不能过短。时间过长,运动员所获得的机体适应性变化及所掌握的技术的良好状态就会消失;时间过短,疲劳就会逐步积累,甚至会产生过度疲劳,影响运动成绩的提高。

(1)训练课的负荷量大,恢复和超量恢复需要的时间要长,间歇时间可短些。

(2)负荷的性质不同,所需要恢复的时间也有所不同。优秀运动员每天都有训练课,甚至每天两次训练课,几次训练课积累后的间歇,仍要达到超量恢复,并不是始终让运动员带着疲劳去训练。这种安排要注意下列事项。

①几次课负荷的积累,要在运动员负荷能力承受力的范围内,不是无限制的。

②几次课的负荷积累后,间歇时间应保证机体得到基本恢复。

③几次负荷课内容要有所不同,并交替进行,强度和量要大中小相结合。

④采取积极有效的科学恢复手段,促使恢复过程加速。

(3)要处理好负荷量和负荷强度之间的关系。相对于运动量,运动强度对机体影响更大,但是,只有量的积累,强度方可在允许范围内逐渐增加。然而强度和量同时逐渐增加不但影响训练效果,还会造成疲劳过度和外伤事故的发生。负荷量和负荷强度在一个训练周期中应呈波浪状态的发展趋势。

①根据项目特点和具体任务安排运动量。如短跑强度大、时间短;长跑时间长、强度适中;体操时间长、量大;集体项目强度和量随课的任务而变化等。在准备期宜量大强度小,竞赛期宜量小强度大,并伴随一些相当比赛强度或超比赛强度的训练。

②加强医务监督。对运动员进行自我医务监督教育,使其懂得自我控制和调整,有条件的要对身体某些生理指标进行定期测试和分析,使运动量和强度始终控制在最佳状态。

2. 运动负荷的安排要考虑运动员的年龄特征、训练任务和运动水平

首先要根据运动员不同年龄阶段的心理、生理特点,不同训练阶段的训练任务和运动员的运动水平进行考虑。青少年心血管系统、呼吸系统发育尚不完善,因此掌握耐力、速度耐力训练的强度至关重要。这就要考虑其发育不完善,不能像对待成年人那样安排强度过大的运动量,同时又要给予一定的强度刺激以促进运动员的心血管系统、呼吸系统更快地发育和提高,从而使心肺具备适应大强度训练的功能。

3. 运动员负荷的增加要逐步有节奏地进行

所谓逐步增加运动员负荷就是在训练或比赛中,无论是运动训练强度还是运动训练量的增加总要遵循从小到大的原则,经历加大—适应—再加大—再适应的过程。当负荷保持在一定的范围内的条件下,机体的应激及随之产生的一系列变化,都会保持在一个适应的范围内。负荷的量度越大,对机体的刺激越深,所引起

的应激也越强烈，机体产生的相应变化也就越明显，人体竞技能力的提高也就越快，从而提高运动员对负荷的适应能力。

4.适当的搭配负荷量和负荷强度

训练过程中负荷的安排一般呈现一种波浪起伏的变化，其负荷的量与强度通常有三种搭配形式：(1)既加量也加强度；(2)加强度减量；(3)加量减强度。对青少年(尤其18岁前)来说，如果进行大运动量单调的训练，容易抑制大脑皮层活动，在过于疲劳的情况下还容易使尚未定型的动作变形，对训练和提高技术是不利的。只有运动量适宜，在每组训练后有足够的时间来休养，才有充足的体力和兴奋性来完成下一组的训练，才能保证动作的质量。

5.要根据训练的不同任务来安排运动负荷

在训练中如果学习掌握新技术，则强度不宜过大。由于新技术的学习需要教练的活动在其中，在技术动作被逐步掌握还没有自动化时，不免会出现这样那样的错误，错误的纠正练习影响了练习的密度，从而影响了练习负荷。如果主要任务是发展某一身体素质，则负荷的量和强度都应加大。如耐力素质的训练，应在每组练习后机体还没有完全恢复的时候就进行下一组训练。在比赛前期的训练，应模拟比赛负荷的要求突出进行专项强度训练。

第七章　体育教学管理改革的研究与探索

第一节　社会对人才的需求与高校体育的历史责任

一、社会对人才的需求

社会的变迁和发展，对人才的要求也随之发生变化。现在称为文盲的，是以识字多少作为衡量标准的，很快，这个标准将发生变化。比如，人们把会不会使用电脑、使用熟练程度作为文盲与否的划分标准。有人喻农业经济时代是以武力转移为特征，工业经济社会是以物质转移作为特征，则知识经济时代是以信息转移作为特征的。这当然对人的素质方面的要求也越来越高了。以日本钢铁厂选拔工人为例，20 世纪 40 年代招收工人，考试的办法是携带 60 千克铁砂跑 50 米，采用体力测验的办法；20 世纪 60 年代测体能和文化水平，以文化水平为主；20 世纪 70 年代日本炼钢工人 21％是高校学生。就我国大型的钢铁基地宝钢来说，招收工人要求高中以上文化，4 级以上技术工，懂外语。这些历来被认为粗重的炼钢工，在素质、能力方面发生了很大的变化，从中也能反映出社会对人才要求的变化。

现代社会对人才的要求可以归纳为健壮的体魄、高超的智能、良好的心理素质、良好的职业道德和协作精神。

(一)健壮的体魄

健壮的体魄应体现为体质良好，体能全面，生长发育良好，有连续工作能力和较快的恢复能力。

(二)高深的智能

随着信息时代的到来，现代社会对人的智能要求起了深刻的变化，除了应有扎实的基本知识和精深的专业知识之外，还要求有学习能力、创新能力、观测能力、动手能力。科学发展朝着分化和综合两个方面发展，一方面，专业越分越细；另一方面，协同攻关要求越来越强烈。在知识爆炸的时代，不学会学习，知识就难以更新，就会落伍。没有动手能力，一百年前居里夫人就没有办法从30吨矿石中“炼”出0.1克氯化镭。没有动手能力，巴甫洛夫就没有办法从几十年中在对狗的唾液和解剖中得出条件反射定理。而创新能力，是一种综合能力，必须要有坚实的基础，敏锐的观察能力，好奇的探索能力，没有对天体力学丰富的知识基础，就算天天有苹果砸到牛顿头上，他也悟不出万有引力定律。当然，有丰富天体力学知识的人很多，但也仅有牛顿从苹果向下掉的现象中悟出万有引力定律。只能说，机遇偏爱有知识又有准备的头脑。

（三）良好的心理素质

现代社会对人的心理素质提出了更高的要求，这是因为随着社会高速发展，人与人交往越来越需要加强协作而引起的。农业经济时代日出而作，日落而息，可以鸡犬之声相闻，老死不相往来；而现代社会科技的发展已经把地球变得越来越小，人们谁也离不开谁，除了要求精力充沛、奋发向上、思维敏捷、情绪良好外，还要有追求之志、好奇之心、探险之勇、求实之诚、专注之境，有不折不挠的精神，有经得起失败和挫折的心理承受力，法拉第历经近十年春秋，才成功发现“磁能生电”，其间要经历多少挫折和失败。

（四）高尚的道德情操

高尚的道德情操内涵十分丰富，而作为一个社会人，人生态度、社会公德、职业道德、具备协作精神是最基本和全世界共同认可的。其中尤以职业道德和协作精神最为重要，是人们取得成功必备的思想品质。

美国女科学家朱克曼作过统计，在诺贝尔奖金设立的第一个25年，合作研究获奖人数仅占41%；第二个25年占65%；第三个25年占79%；到近十几年，已极少单人夺魁了。这反映一个趋势，单兵作战难登顶。美国的“阿波罗登月计划”，共耗资250亿美元，直接参与的科学工作者达42万人之多！靠各自为战，阿波罗能登月吗，现代的科学实践、生产活动、经济贸易已趋全球化，协作精神已成为科技人才的一项基本精神素质。美国在选拔高级科技人才考试中，一共有上百项测评指标，其中有几项指标是专门测试应试者的协作能力和精神的。

一段时间内，围绕情商与智商的关系问题，人们有多种说法与争论。在人们知识水平越来越接近的今天，有人认为情商是事业成败之决定因素。这里我们暂不争论孰高孰低的问题，但可以肯定的是，情商对一个人事业成败有深刻影响。

敬业乐群成为现代人必需的品质要求。

二、传统学校体育的利弊

“西洋体育”传入中国是近代的事，也大体可分为上下50年，即从“西洋体育”传入到新中国成立，时间大约为50年；从新中国成立到现在，也是50年左右。清朝政府在1903年颁布的《奏定学堂章程》，这是我国第一次正式普遍实行的、比较完整的学校教育制度。辛亥革命后，“中华民国”政府在1912年和1913年，对我国的学校教育制度做一次修改，即是《壬子、癸丑学制》，这一学制一直实施到1921年。“学制执行后，各级学校都开设体育课，近代学校体育也随之得到普遍实施，从而结束了我国两千多年来学校教育中不尚武和基本上没有体育运动的历史。至此，我国近代学校体育开始初露端倪”。

从学校开设体育课至今，体育对培养全面发展的人，提高全民族的素质，起了非常积极的作用。但是，由于最初对学校开设体育课的思想、师资、设备准备不足，对体育的概念理解有偏，加上受社会发展和文化传统的影响，使学校体育的重要地位没有真正确立，体育的作用没有充分发挥。

（一）传统学校体育未能全面发展受教育者的体育能力

新中国成立后，开始批判和否定自然体育思想，转向全面学习苏联经验。苏联体育教育理论，以马克思列宁主义为思想基础，以巴甫洛夫学说为自然基础，以凯洛夫教育思想为理论基础，主张体育教育的统一性，受主体主义教育思想影响。全国实行统一的教育制度，统一的教学大纲，统一的国家管理和领导机关，统一的标准和要求。在具体教学上，统一的教学过程和内容，统一的要求。使理论严谨，体系稳定，但这种从理论到实践的统一模式，却忽视了个人的创造力与体育能力的发展。长期以来，我们受苏联体育教育思想的影响，强调以传授知识、培养道德为目的，强调教师、课堂、教材为中心。把体育教育和身体发展视为同一过程的两个方面，认为学生在掌握运动技术过程中，可以提高他们的健康水平和身体发展水平，把增强体质看成是掌握技术动作的必然结果，是从属关系。这样，我们可以比较清楚地看到，传统的学校体育中是明确提出发展身体的目标，却未能区别掌握技术动作与发展身体的不同之处，它们之间有联系但不是必然联系。体育活动和一个人的体质的增强，并不一定是因果和正比的关系，而是存在着有益、无助、有害三种可能。在这样的理论和实践下，学生的体育能力未能得到全面的和真正的发展。

(二)传统的学校体育忽视学生主体作用的发挥

长期以来,我们受学校体育教学以教师、课堂、教材为中心的影响。强调严密组织、严格纪律,重视教师作为学生的主导者的地位与作用,课堂教学中重视“三基”教学,忽视学生的参与。虽然,我们也强调教学双边活动,希望发挥学生主体作用。但总被统一、规范、主导所淹没,被体育教学程式化、成人化、训练化所淹没。20世纪80年代初兴起的“巡回练习法”,20世纪90年代初对“为什么要教滑步推铅球”看似操作层面的改变与讨论,实是对传统体育教育思想提出质疑。前者作为练习方法改变,能激发学生练习的积极性、主动性和创造性。后者把“滑步推铅球”作为教材,使学生力不从心,也无特殊功效。如果为发展力量,有更多简单有效的内容,更能刺激学生练习的兴趣和积极性。值得注意的是,源于日本的“快乐体育”传入我国,就受到较为广泛的欢迎。“快乐体育”明确地反对传统体育那种压抑学生兴趣、无视学生心理特点而谈知识技能与体力发展的强制、被动的教学活动及其指导思想。快乐是一种愉快的情感体验,而(运动)乐趣则是能使人产生愉快情感体验的运动特性。“快乐体育”强调运动与生活关联,体现主动、快乐和个性发展的效果。强调学生积极参与活动的主体作用,这无疑是指导思想上的一大进步。

(三)传统学校体育中的思想品德教育缺乏针对性

从20世纪50年代开始,我们全盘学习苏联的经验,全盘否定西方体育思想,在强调阶级斗争、政治挂帅的社会大环境里,学校体育中的思想品德教育被抬高,显得过大过空。尤其是强调体育的阶级性和“工具论”,凯里舍夫认为“体育教育的发展是和社会的发展并进的,并且在阶级社会里永远有阶级性”。这种忽视体育具有相对的独立性和继承性,而完全把它当成阶级斗争的工具,必然产生以社会制度来判断理论、体制的先进与否这一类的问题。凯里舍夫认为苏联的体育理论是“世界上最先进的,而资本主义国家的体育教育理论则是最反动的和反科学的”。在这种唯阶级论而不是生产力标准的思想影响下,以阶级斗争为纲,政治总是第一就不足为怪了。

在学校教育中,围绕培养德、智、体全面发展的人,把受教育者培养成“四有”新人,这始终是我们教育的目标。通过学校教育,包括体育活动,完成自然的人到社会的人的转变过程,是学校的责任之一。学校是学生世界观、人生观、价值观形成的关键阶段,我们通过体育,对学生进行爱国主义、集体主义、社会主义劳动态度和自觉纪律的教育，培养良好的道德品质，如遵纪守法、关心他人、爱护环境、讲究卫生、敬老扶幼、敬业乐群。让他们对生活，对社会积极进取，生活乐观显然是必须而且应该坚持的，而对人类共同财富，则应该是积极吸取而不是全盘否定。思想道德品质教育应该有针对性、阶段性、层次性，应该春风化雨，合情合理，从小处入手，从大处着眼，才能使思想道德品质教育取得很大成效。

(四)传统学校体育缺乏传授终身体育思想

限于人们的认识水平，尽管17世纪英国教育家洛克在《教育漫话》中就指出：“导师的重要工作”之一是“培养学生良好的习惯”，我们也强调学校体育要培养学生锻炼身体的习惯，但在理论上认识不深刻、不全面、不系统，在实践以传授“三基”为主要内容。在现代教育思想影响下，强调了终身教育，诱发了人们对终身体育的思考。苏联和日本，率先在20世纪60年代开展终身体育领域的研究。用终身体育的思想审视学校体育，使学校体育思想从一般只强调学生在校学习期间的阶段效益跃升为追求以阶段效益为基础的长远效益，这就很自然地要把培养学生对体育的兴趣、爱好和习惯放到首要位置。

应该说，终身体育的提出，受到终身教育思想的影响，同时也有深刻的社会经济发展和人们生活观念发展变化的原因。在人类进化的几百万年的漫漫历史中，人类文明仅仅有一万年左右的历史，用恩格斯的说法是文明的起源只占人类历史的“一秒钟”。这“一秒钟”使物质极大地丰富，而人的本能却受到压抑和退化。这是青年体育学者李力研解释“黑人之谜”和竞技情结的生物学观点和哲学思辨。应该说，这种解释是深刻，比较有说服力的。现代社会发展对人带来的“五少一多”，使人的“野性”大为减少，本能有所退化，生存条件更为苛刻，适应能力大为降低。文明从对人的发展角度来看，是一把双刃剑。其实，人类在惊呼“文明病”对人类的威胁时，恰恰忘了它是我们自挖的坟墓。人类在创造文明的过程中，也不断寻求抗击人的本能退化的办法，从外部补充到自身发展都在不断地丰富，也走了不少弯路，古希腊四年一届的奥运会就是突出的例子。

三、学校体育的历史责任

(一)针对情感危机，应加强人与人之间交流

时代的车轮滚滚向前，社会的发展风急浪高。放眼世界，知识经济时代悄然

而至，社会个体化趋势已显露出来。从生活环境来看，城市化速度在加快，城市人口急剧增加，县改市的做法加快了全国城市化的进程，那种朝见晚见的大屋和四合院式的居住环境被高楼大厦取代。下班回家，“躲进小楼成一统”，不知楼上住何家是新出现的现象，加上生活节奏加快，那种串门神侃少了，感情交流渠道减少。从工作环境来看，随着经济多元化，人员流动从数量和频率都增多，同时集体活动有所减少。从人员结构来看，国家推行计划生育基本国策，城市的一孩率比例很高，三人和三人以下家庭比例越来越高，孩子在家庭少有同龄人玩耍、游戏、交流和学习，接触的多是父母辈、祖父母辈的成年人。生活节奏加快，工作压力加重，生活环境的改变，使人们千方百计寻找缓解情感危机的途径，增加情感交流的渠道。

面对时代的发展，我们的教育应该怎么办，一方面，面对知识经济时代的即将来临，我们的教育必须以创新教育来应答。科技是第一生产力，人必须知识化，知识化的核心是创新意识和创新能力；另一方面，社会的发展归根到底是为人的发展，广厦千间是为人能安居，良田万顷是为人能饱腹，丝绸多彩是为人能遮体。人在满足生理需求后，在精神、文化、社会等层面上的要求也在逐步提高，可以说到了五彩缤纷的境地了。面对这些变化，人对自己身体发展的意识和要求也就越来越高。学校的社会中心地位也将越来越受到重视，而学校体育功能的作用将得到更充分发挥。

学校体育，不管是课堂教学还是课外活动，由于它的实践性、技能性的特点，是需要协作才能完成的活动，它使人们在体验运动的愉快情感的同时，进行感情的交流。在学校中进行智育培养，也主张互相帮助，互相学习，但作业得单独完成，听课也不要互相干扰，在体育活动中，则往往需要互相配合才能完成。在体育活动过程中，参加者往往要根据需要担任某运动体育角色，并按既定的体育规则和体育道德标准，进行体育活动。这实际上就是社会活动的缩影。从社会学特征来看，体育还有其特别的地方，就是人不分老幼，位不分尊卑，有非常强烈的平等性。不少学者在分析黑人的运动天才时，也从人类学和社会学角度阐述并得到广泛认可。这是人类追求的境界，是人与人之间进行情感交流最平等、彻底的形式，在知识经济时代，它的作用将越来越受到人们的青睐。

（二）情商 EQ 的兴起与协作精神

近年来，情商（EQ）之说十分红火。相对于智商（IQ）而提出的情商，是长期以来在人们认为一个事业成败系于智商，智商高则事业成功率高的基础上产生的。

更多人又把智商与学历画上等号，比如在不少社会调查材料中反映了不同学历层次的收入统计中，发现学习年限越长，个人收入越高。但是，人们在色彩斑斓的社会中看到，从普遍意义上讲，IQ 越高，事业成功机会越大，但反之，事业有成的人，也不全是智商最高的人，智商只在一定程度上是事业成功的基础。他还受到机遇、努力、环境、工作态度、协作精神等方面影响。

对持与“智商决定一切”相反观点的，是一批学者（主要是心理学家们）提出情商的命题，在情商与智商的关系，他们认为起决定作用的是情商而不是智商。有人甚至认为成就的方程式是：20%IQ＋80%EQ＝100%的成功。我们姑且不去探讨谁是谁非，可以肯定的是，理性素质和非理性素质，智力因素和非智力因素，都对事业的发展产生影响，不过前者（理性和智力）起基础性、关键性的作用，“艺高人胆大”表明了这种关系。但情商的提出使一个人的成长的内涵更加丰满，内容更为丰富。人无尖牙利爪，力不如牛，跑不及马，为何成为主宰世界的万物之灵，“有智”“能群”。即使是天才，也不是生长在深山老林里的怪物，他必然有使人成长和施展才华的环境。时势造英雄也好，英雄造时势也好，脱离现实环境将是一事无成。而这个环境，主要是社会环境，这就有个如何处理好人与人的关系问题。

一个人从入学到走上社会，在形成世界观、人生观、价值观的关键时期——这 10 多年中，都是在学校度过的。如何培养学生们充满爱心、与人为善、严于律己、宽以待人、勇于奉献、敢于负责、积极进取、敬业乐群的良好品德和协作精神，是社会、学校共同关心的问题。这就是春秋时代孟母三迁其居、当今家长为子女择校奔波的原因所在。学校体育是讲团队、讲协作、讲规则、讲平等的教育活动，它的独特作用是学校体育的特色所在，我们有理由相信学校体育能为造就敬业乐群的“四有”新人做出更大的贡献。

（三）摆脱纯生物的观点

体育的本质功能在于增进人的健康，完善人的发展，自从有了体育，发展到自然体育、传习式体育、现代体育，大家对体育的本质功能有了共识，体育概念内涵的泛化导致体育目的的异化，也没有人否认体育的健身功能。但是，长期以来，我们把健身功能物化为形体特征。“以身体练习为手段”，“以身体大肌肉活动和建立环境为工具，而没达到教育目的一种教育”往往被理解为肌肉粗壮、四肢发达、头脑简单，这不能不说是理解的误区，是体育界的悲哀！长期以来把教育的重要组成部分降为“小三门”，把研究发展人体的科学列入另册，莫不出之于此。

“体育”一词，始于法国教育家、思想家卢梭，他在 1562 年出版的教育名著《爱弥尔》一书中，用体育这个词论述了对主人公爱弥尔的身体教育过程。卢梭的教育思想是自然主义的，他的天性至善及其“归于自然”的理论，体现在教育上，便是教育应脱出社会文化的禁锢而使人性发展。这种自然体育顺应学生的天性，以他们的兴趣为中心，讲究运动教育。这对欧洲中世纪的科学与“毁身禁欲”的非人道主义来说，是一次革命，从此，欧洲呈现出一道绚丽的人文教育风景线。自然主义体育在德国得到发展和完善，20 世纪德国三位自然体育的代表人物古兹姆茨、杨、施皮斯，被人们称为德国三个“体育之父”。而对学校体育影响最大要数施皮斯，故他又被称为“学校体育之父”。施皮斯思想和实践可概括为运动铸型教育，他的理论与实践的核心是把身体运动“要素化”和“铸型化”。他把许多杂乱无章的运动归纳起来，按身体的整体形态、身体的局部形态、有支撑面的身体部位状态和无支撑面的身体部位状态，把动作分成支撑、悬垂、躺卧三个方面。对动作规定十分细致精确，如走步规定一步长为三足长，步行速度为标准 80 步/分钟。对其他动作的速度、速率、角度、幅度、方向、路线都有明确规定，这就是施皮斯的体育“要素化。”“施皮斯搞运动铸型的出发点，主要是为铸造人的身体，这是十分明确的。”他十分注重身体的姿态和形态，重视身体运动的表现行为，他为近代学校体育做出的贡献。但他在主观上通过身体运动铸造人体，实际上以运动教育为中心的体育观，陷进纯生物观点泥坑。毛泽东在《体育之研究》这篇著名论文中指出，体育之效在于“强筋骨”“增知识”“调感情”“强意志”。并指出“动以营生也，此浅言之也；动以卫国也，此大言之也。皆非本义。动也者，盖养乎吾生乐乎吾心而已”。这里不难看出，体育在乎完善人体，身心得以协调发展。这种对体育功效的论述，对于纯生物观点的批判是入木三分的。

（四）方法贵少，受益终身

现代学校体育的最大问题之一，是多数学生离开学校后，与学校体育教学的内容相揖别。很多传授的运动技术、方法，在一个人的体育生涯中仅是匆匆过客，现在，大家在努力探索终身体育，这是对传统学校体育思想和方法的反思，意义是十分巨大的。

为什么学生学了十多年体育，一出校门，便与体育再见呢，主要原因有二：一是所学内容繁杂而不实用；二是忽视体育兴趣与习惯培养。我们在教学思想上要改变强制性为自主性，从强调学校学习期间的效益（体育方法的多少，毛泽东同志在 100 多年前有过精彩的论述。他在《体育之研究》中对体育方法多少的辩证表述是：“应诸方之用者其法宜多，锻一己之身者其法宜少。”）前者道理非常浅显，个人的兴趣、特长、爱好都有所不同，“一刀切”行不通也没好处，多种方法，任君选择，理所当然。但“锻一己之身其法宜少”，则“近之学者，多误此意”。为什么“锻一己之身其法宜少”呢，先是“巢林止于一枝，饮河止于满腹”。其次是“今之体操，诸法樊陈，更仆尽之，宁止数十百种”，“一法之效然，百法之效亦然，则余之九十九法可废也。目不两视而明，耳不两听而聪”。再次是“其宜多者不必善，务广而废，又何贵乎”，方法多，持之以恒，固然好，时间、条件均不许可，效益和效率都不高，还是“苟能实行，得一道半法已足”。

（五）培养兴趣，养成终身爱好

传统的学校体育，强调“教师、教材、课堂”三个中心，推行运动教育，沿袭运动铸型教育，体育教学程式化、成人化、训练化，新一轮高等学校体育教育改革，在教学思想上改强制性为自主性，从而使学校体育目标跃升为追求学生在校学习期间的长远效益和阶段效益相结合，从强调主导作用转化为强调主体作用为主，方法内容上则以实用有效，按身体锻炼为主线而非按运动的内在联系为主线，不仅教运动技术，而且教锻炼方法，即“授之以道”的做法，这样，终身体育的目标指日可待。

教育的相对被动性，忽视了学生学习兴趣的培养和锻炼习惯的养成。从行为科学角度来看，兴趣是人积极探究某种事物或进行某种活动的倾向。这种倾向带有强烈的目的性。人的行为都是有诱因的，任何行为同时是有目的的。大家知道，人的兴趣是在社会实践中发生、发展起来的，同学们有的是好奇。这种后天形成的倾向是可以培养的。而兴趣是多种多样的：有些事物或行动本身引起的直接兴趣，也有由事物或行动的目的和任务引起的间接兴趣，有产生于活动过程而在活动结束后即消失的短暂兴趣，也有成为个人心理特征的稳定兴趣。

体育作为一种人类特有的社会活动形式，它是一种有趣的、有益、有效的活动，一般来说，上述几种形式的兴趣在体育中都有呈现，也就是体育过程给人的欢愉的体验是强烈的，多数活动内容是能使人感兴趣的，健康的目的是人类所祈求的，较难的是形成稳定的心理特征。从人兴趣形成的过程来看，只有对内容、对过程有了兴趣，才能形成稳定的心理状态，从整个角度来看，变被动体育为主动体育，变学校体育为终身体育，兴趣的培养是开启这把锁的金钥匙。

大凡一个人对某项活动有兴趣，且产生形成相对稳定的心理倾向，他就能充分调动主观能动性。创造性地、执着地去追求，这对习惯的形成是至关重要的。但实践过程却有千难万阻，习惯是排除困难的有力保障。习惯成自然，体育一旦成为生活的一个不可或缺的组成部分，它就能与我们相伴终身。

第二节　高校体育思想的发展与未来方向

一、体育观的历史选择

体育运动在世界范围内的普遍发展，其实质是体育观的变革。这种变革对学校体育，特别是体育的影响极其深远，影响着它们各方面的理论与实践环节，影响着它们的未来走向。

（一）两种不同体育观的形成和发展

现代体育运动发展的历程中，一直有两种不同的体育观，即体育的和体育的目的论。

价值观认为，运动的目的在于运动的本身以外，把运动作为一种手段，来实现运动以外的社会目标。

目的论价值观认为，运动的目的在运动的自身，所谓运动自身是指把目的定位于运动自身和作为运动主体的人的自身。因此强调人在参与运动过程中达到自身满足的目的。

价值观和目的论价值观均不否认通过体育运动作为手段，可以达到体育的直接目的和间接目的的客观事实，它们所不同的是价值取向重点不同。

从学校体育产生的初始，体育观就占了主导地位。例如，西方18世纪的“德国体操”和“捷克体操”，均把体操作为手段，来培养某一特定时期所需要的人才，根据社会或国家利益的需要，来设计体育的内容构成与方法体系，形成以体操为主要内容，以集体操练为主要形式的学校体育课程。体育观往往是一种制度的要求来制定体育的目的和手段的，它重视的是实现根据国家利益确定的社会目标，但对运动者个体的满足和需求则是完全忽视的。

欧洲大陆在20世纪采用体操作为学校体育的主要内容之时，英国人则提倡游戏和娱乐。英国人率先形成的体育观念和欧洲大陆是有着明显的区别，虽然没能有系统理论和有计划地去实施他们的游戏和娱乐，但是这些体育内容却在民间和村落得到广泛的发展。事实证明，这些游戏和娱乐是极有生命力的，特别是当这些娱乐和游戏进一步发展成为竞技体育之时，就对整个世界的学校体育产生了巨大影响。

目的论体育观是把运动自身和从事体育的人的自身满足作为价值取向，因此把人有选择地参与运动并达到身体和心理的满足作为目标。20世纪英国的户外运动正是能体现目的论价值观的重要项目。欧洲很多思想家极力推崇英国的户外运动与游戏，例如，法国思想家、教育家卢梭指出："游戏是一种置身其中的自由的、无目的、有乐趣的欢快的活动。"但是，人类社会在20世纪发生了巨大的变化，由游戏进一步发展成的竞技体育已在全世界得到广泛的开展，并成了学校体育的重要内容。

（二）当代两种体育观的区别

体育观的演变和体育课程理论的演变两者是密切相关的，也是同步进行的。当今，体育课程理论由学科中心向人本主义方向的发展，也使两种体育的涵义发生了根本的变化。

1.价值取向的重点不同

价值观的取向主要是作为手段的运动项目上，或是把重点放在掌握规定的统一要求的技术上。问题是掌握了那些特定的技术，能否使学生实现自身的满足呢，看来未必。当前的现实是学生喜欢体育，而又不喜欢体育课，其中很重要的原因是体育课的内容机械单一，缺少生气，不能符合学生个体发展的需要，这表明价值观事实上已使学生体育的发展走上了误区。目的论价值观的取向主要是满足学生的需要，实现身心素质的全面发展。这种价值取向并不排除手段的重要性，而是根据学生的需要，重新设计和构建体育的手段体系，使手段和目的能在实现学生个体发展的前提下统一起来。

2.行为主体的地位不同

运动项目也好，体育的大纲也好，均是体育的物化条件，体育行为者的客体。认为贯彻大纲，改进教法就能提高教学质量的观点就是忽视教学行为主体的片面观点。教学行为的主体是教师应当有执行大纲的灵活性，学生应当有选择教学内容的自主性，一切教学活动均围绕着满足学生的需求，促进学生全面素质的提高来进行设计，这就提高了教师和学生的主体地位，而不是把教师和学生置于大纲和教材的从属地位，这就是目的论体育观的实质所在。

3. 个体发展的内容不同

体育观，或重视技能，或重视体育的合理负荷。它们的学科基础均属自然科学范畴内的生物力学和牛顿力学，共同的特点是忽视了体育这门学科的人文精神，忽视学生的情意和能力的发展。学生在体育课中的积极态度，欢快情绪，自我学习及交往能力的提高和掌握技术、提高体力是完全不同的领域，他们有着各种不同的形成机制，而体育观忽视的正是目的论体育观重视的内容，因此，可以说目的论体育观在对学生个体发展的内容方面更为完善，更为深刻。

4. 体育内容的结构不同

体育观强调体育内容自身的分类和体系，一般均是庞杂的体系，要求每一个学生均要学习，既不能反映学生个性发展的要求，也因为内容太多，无法使学生真正的消化，降低学习的效果。目的论体育观建立的体育内容分类体系是以学生学习需求来进行分类的，教师可以从内容体系中进行针对性的选择。例如，当前的西方各国，均提出若干种课程模式，供教师和学生从中选择。每一种模式中，包含了选学内容，适应了学生个体发展的要求。日本虽然有全国统一的教学大纲，但在教学内容的分类方面，实践科目的内容除体操以外，均规定为选择必修。所谓选择必修是在规定的范围内，允许教师或学生从中选择学习，这种必修、选择必修的分类体系是充分的考虑了满足学生的发展需求。

体育的内容非常广泛，按其自身的特征进行分类，就包含了众多的内容，要求学生样样学，实际上难以学精、学会，结果由于每一种教学内容的学习时数有限，一样也没学好。体育教学内容应当是多一些好还是少一些好，这是历来讨论的一个课题。实际上，从总体上来说，学校体育的内容应当多一些，但具体落实到学生应当少一些，这就是教学内容多和少的辩证统一。这种统一的条件采用灵活性的教学大纲，允许学生从众多的内容中进行选择。把教学内容分为必修、选择必修、选修三种类型，就是按满足学生的需求来进行分类的，这就是目的论体育观在教育实践中的体现。

5. 课程实施的途径不同

体育观强调正规化的学习课程，强调规范的课堂结构，这种正规化和规范化学习的最终目标的重点是提高知识和技能。体育观是在掌握知识技能的前提下，重视情绪、态度、理想、意志和价值观的培育，此外，着眼于人的多方面的能力培养。为实现这种包括情意、能力在内的人的素质的综合发展，单单靠正规课程是无济于事的。因此，目的论体育观反对机械的模式化课程教学，同时提出了快乐的体育课，在此基础上提出了校内活动课程、社会实验课程、自我觉醒和自我发展的课程等广泛的课程实施途径。当然，比起正规课程来说，后面三种均是非正规的课程，它一般以课外运动小组、运动俱乐部、社会体育团体、家庭和社区体育等多种形式出现，但是这些非正规的课程在完善学生身心发展、培养独立完善的人格、发展个性和能力方面都有着正规课程远所不及的特殊功能。

二、课程理论的两次世界性变革

第二次世界大战以后，世界上分裂成为以美国为首的西方集团和以苏联为首的东方集团，再加上第三世界的广大区域。不同的政治体制及文化背景共存的条件下，课程理论也形成了巨大的区别。世界的分裂造成了课程理论的分裂，不同的课程理论在不同的区域范围同时实施，因此，课程理论即便有变革，也是区域范围内的变革，谈不上是世界性的发展趋势。

但是，到了 20 世纪 60 年代以后，教育课程的自身规律受到关注，情况就发生了变化。20 世纪 60 年代和 70 年代，分别出现了两次带有世界意义的课程理论变革。

20 世纪 60 年代课程理论变革的主导动向是“学问中心”，或称之为“学科中心”。1957 年，苏联人造卫星，对美国为首西方世界产生了很大的冲击，鉴于美国认识到由于基础教育落后导致国民科学水准下降的现实，对原来的实用主义教育引起了反思，致力于学校教育内容进一步科学化、现代化为特征的课程改革运动受到了美国朝野的重视，这就是学科中心课程理论提出的社会历史背景。

开始使用“学问中心课程”这一术语的是古德拉德。他在 1966 年说过：“如果说前代的课程开发是以社会中心为特征的话，那么，这次课程开发就得名为学科中心或学问中心了。

学科中心论的特征包括三项：其一是学问化。杜威的实用主义教育提出：“学校必须是生活本身，而不应当是单纯的生活的准备”。换句话说，生活就是教育。而布鲁纳则提出：“把人类认识最前哨的日益深刻的见识反馈给我们的学校”，这绝不是单纯的生活体验，而是从学术性中抽取营养，首先考虑的应当是学术性，然后才能考虑青少年的特点和社会的一般需求。其二是专门化。专门化即反对学科的综合化。学科中心论者反对开设综合理科，主张开设物理、化学、生物；反对开设综合社会科，而是突出地理、历史和经济。其三是结构化。结构化是重视每一门学科的基本概念和原理。提出概念化就是抽象化，这是一种深化理解和减少复杂性的思维方式，在此基础上才可以揭示对象的类型和关系，以求得到理解。

20 世纪 70 年代课程改革的主导动向是“人本主义”。什么是人本主义？人本主义主张统一学生的情意（affect）和认知（cognition）、感情（feeling）和理智（intellect）、情绪（emotion）和行为（behavior）。人本主义课程也可以把它理解为情意课程，也有人把这种课程称之为“人性中心课程”。

人本主义课程不像学科中心课程仅仅把重点放在智力上，它是以“人的令能力的全域发展”为目的的。因此，除智力以外，情绪、态度、理想、价值均是教育过程应当关注的重要领域。

什么是人本主义课程的本质，使教育界人士感到欣慰的是学科中心论的积极提倡者布鲁纳，紧紧抓住了社会发展的脉搏，在自我批评的基础上，用简洁、直观的方式提出了人本主义教育本质的答案，布鲁纳说：“我们必须少说一些学科结构，更多地谈论学习者和他的学习结构。”这句话最清楚不过地表明了 20 世纪 70 年代课程改革的方向——人本主义课程。这种课程论主要是追求学生中心学校的复兴和学习者中心课程的构成。

人本主义课程的特点则包括以下几方面：①学校的重心，从高校学者书斋的学问知识过渡到尊重学习者的本性和要求。②承认学生的学习方式同成熟学者的研究活动有着重大的质的差异。③学校课程必须同学生的生活及现实的社会问题联系起来。

三、体育课程理论的历史性转移

在我国，从 20 世纪 50 年代学习苏联体育教育理论之后，学科中心论一直占据了主导地位，1978 年后，我国恢复了原有的教育制度，但教育观念一直沿着原来的轨迹发展，直至 20 世纪 80 年代中期，《中共中央关于教育体制改革的决定》颁布后，迎来了体育课程的新局面。

人本主义课程观的影响也是世界性的。它以 1972 年联合国教科文组织发表《学会生存》为标志，对世界各国的教育改革产生了促进作用，也对体育课改革产生了推动作用，但是各国的进展却不是同步的，同时反映了各国的不同特征。

人本主义体育课程主要表现为两个方面的特征，其一是由学科结构向学习结构的方面转移；其二是由关心技能或体力发展向关心技能、体力、情意协调发展的方向转移。

强调学科自身的逻辑与规律形成的“学科结构”，忽视学生的身心特点和个性需求，把体育内容变为由多种项目组成的，全体必须学习的，有统一规范要求的课程结构，它是以学科自身为中心来设计课程的。而学习结构则主要考虑学生的身心特点和个性发展的需求，把体育内容变为由多种项目组成，同时可以供学生或教师选择的，既强调统一性又强调灵活性的课程结构，它是以学习为中心设计课程的。

美国的体育课程历来就没有统一的大纲，各州的体育课程各有特点，而且体育课程的纲要有很大的灵活性，教师执行课程方案有很大的自主性和灵活性，越是到了高年级，学生选择课程内容的范围越是广阔。近年来，单是课程的模式就超过四种，即：竞技体育模式、社会体育模式、社会责任模式、健身体育模式和学科联系模式。很明显，美国的体育课程进一步向适应学生身心特点和个性发展的需要发展着。

苏联在 20 世纪 80 年代初期，实施了综合性体育教学大纲，一方面把体育作为基本组织形式而处于核心地位；另一方面又把各种课外体育活动纳入综合性大纲的范围之中。到了 20 世纪 90 年代，又实施了选择性教学大纲，学校可以根据各自的具体情况，从规定的多种教学大纲中选择，一定程度地考虑了学生的个体要求。这五种教学大纲是综合体育大纲、发展运动能力为主的体育教学大纲、形成性体育大纲、竞技性体育教育大纲、农村小学专门健身大纲。此外，在教育内容的选择方面，也扩大了学校的自主性和教师执行大纲的灵活性。学生则扩大了自主选择的范围。

日本从 1978 年开始，对原有的大纲进行彻底的改革，使体育教学传入到日本第三次改革的洪流之中。这次改革规定体育与保健理论与体操为必修科目，其余体育项目均作为选择必修科目，可在一定范围内由学校或学生选择学习。此外，除理论教学规定教学的时数外，其他科目均没有规定时数比重，也可由教师自由量裁。

以知识技能为中心或以提高体力为中心的体育理论仍然是学科中心论在体育课程领域中的反映。人本主义的课程理论表现为既要重视知识技能，又要重视提高体力，更要重视人的情意发展。换句话说，人本主义体育课程要实现的是人的全面素质的提高。

在这方面，当前世界发达国家的体育课程理论的发展趋势是比较一致的。例如，在继续提倡掌握体育与保健的理论知识，提高对体育的认识，掌握必要的体育技能，提高体力，增进健康的前提下，又进一步提出：发展个性、培养能力，养成锻炼身体的习惯，提倡体育生活化，通过交往促进人的社会化，提高勇敢、顽强、坚韧等心理素质等。值得关注的是很多国家提倡快乐体育课，提倡终身的体育观，为此特别提倡提高人的自我教育和学习能力，这包括自我锻炼、自我评价和体育适应社会生活的能力。

新中国成立初期，学习了苏联的体育理论与实践，长期以来实施的是以运动技术为中心的体育理论。1979 年我国学校体育的一次重要会议——扬州会议以后，“以增强体质为主”成了体育教育工作者普遍接受的观点，这是我国体育课程理论的一次重要的历史性转移。但是，“以增强体质为主”不能理解为以增强体质为唯一的，我国 20 世纪 80 年代的学校体育一度重视增强体质而忽视了技能的掌握；忽视了锻炼方法和习惯的养成；忽视了学生情感意志的培育及个性的发展；忽视了通过交往实现社会化的教育功能。这种令状况没有真正地摆脱学科中心课程理论的束缚。为了适应世界范围内的人本主义课程理论的发展趋势，有必要从生理、心理和社会三个维度来发掘学校体育的功能，把学校体育的价值目标真正地定位于人的素质的全面提高上。为此，单靠正规的体育课是不够的，必须提倡各种非正规的潜在课程，在学校中，应当开设正规课程和活动课程，采取以两类课程为中心，多种课程模式并举，并结合家庭与社会体育，真正实现全面提高学生整体素质的目的。

第三节 拓新高校体育教育观念的对策研究

体育教育思想、体育教育观念正确与否，直接关系到高校体育教改实践的方向与成败。随着时代的发展和社会的进步，许多传统的体育教育思想和观念面临挑战。当前影响和制约高校体育教育改革的根本因素更多的是来自人们头脑中固有的陈旧思想和传统观念及直接受这些思想观念影响的思维方式。要使中国高校体育教改向纵深发展，首先，必须从转变思想和观念做起，从时代特征和我国国情出发，从我国高校体育教改和发展的实际出发，而且，还必须遵循高校体育教育的客观规律。所以深入研究拓新高校体育教育观念，加速推进素质教育，全面提高高校学生整体素质，既有深刻的社会背景，也是高校体育教改向深层次探索体育教育内涵的重要标志。同时，也是实施我国 21 世纪人才战略的重要举措。

一、国内、外研究情况的比较与分析

（一）从国内研究情况看

实施素质教育以来，高校体育教改得到了较快的发展。特别是近 3 年，围绕

着“深化高校体育教学改革，提高高校学生整体素质、迎接21世纪人才挑战”得到了我国教育主管部门的高度重视。国内理论界对此问题的研究主要包括以下几方面。

(1)如何从高等体育教育的学科特性上提高人们的思想认识，保证德、智、体、美等全面发展的科学性和完整性。

(2)怎样从高等体育教育的社会意义上论证“只有整体素质好的人，才可能有广泛采集信息和善于寻求战机、把握取胜时机”的可能，以唤起各级教育主管部门和各类学校领导的重视。

(3)在探索完善高等教育功能，提高院校社会地位与声誉的基础上，把克服体制障碍和深化高校体育教学改革提高到一个更加紧迫、重要的位置。

(4)如何树立高等体育教育优先发展的战略思想，进一步加大经费投入，促进我国高校体育教学，在目标、内容、方法和课程体系等方面的改革，有一个实质的深化和突破性的进展等。

(二)从国外研究情况看

进入21世纪以来，发达国家都把培养高校学生体育能力，发展个性，提高综合素质作为迎接21世纪人才竞争的普遍观念。美国人认为:“体育课程以发展学生身体为目的，让学生在教师的指导下向自觉学习的方向转化，并以此激发他们潜在创造力的闪光点。”日本人强调:“让学生适当参加各种活动，以培养强壮的身体，同时设法培养坚强意志和提高身体素质。”加拿大提出:“促使所有学生身体健康的目标，通过体育锻炼提高身体素质，以增进健康。”德国则认为:“将体育课中学到的东西应用到校外，使他们喜欢体育。”从研究的情况看，主要是培养高校学生的个性，探索激发潜在创造力的闪光点，全面提高其综合素质和提高其在未来社会中的竞争能力和适应能力;重视学生在校外和社会工作中争取到的荣誉和地位。积极处理好德、智、体之间及体育是基础，身体是载体的辩证关系等。

(三)从21世纪高等体育教育的发展趋势看

发展个性，激发潜在创造力的闪光点及全面提高高校学生的整体素质和提高其在未来社会中的竞争和适应能力，重视学生在校外和社会工作中的荣誉和地位等，就是我国高等体育教育发展研究的趋向。因为21世纪国际竞争的焦点是经济的竞争，而经济的竞争又是科技的竞争、知识与信息的竞争。知识与信息的竞争实际上就是人才的竞争，人才竞争的关键是高校学生整体素质提高的竞争。而高等体育教育则恰恰是实现这一培养目标的极为重要的关键途径。显而易见，这就是我国21世纪高等体育教育发展趋势的科学定位。

二、拓新高等体育教育观念的深析

我们应该从哪些方面来认识和把握增强高校体育教育、培养现代化人才的新观念呢？

（一）从高等体育教育的科学特性上

提高认识高校体育是一门涉及自然与社会两大科学范畴，并具有理论与方法体系的综合性科学。它不仅要研究如何增强学生的体质、培养学生的意志品质和竞争精神，还要研究如何增强学生的心理素质、开发学生的思维、提高学生分析问题和解决问题的能力。而且要研究现代化人才与中国特色社会主义建设事业之间的千丝万缕的联系。同时，还要以其独特的教学方法、内在的运动规律、特殊的训练手段把学生培养成德才兼备、体魄健美、心理稳定、富于开拓和敢于竞争的现代化新人。而处在世纪初的今天，展望21世纪的未来，的确如吴季松所预言的那样“人体机能的提高在于学习，在于对环境的适应能力和创造力，在于每个人自身的体质如何。身体机能不同的人学习能力、对环境的适应能力、创造力也不相同。人类在21世纪的竞争中，在起码的衣、食、住、行及教育程度逐步缩小差距后，是广义上的体育锻炼的竞争”。由此可以看出，培养现代化人才的观念，应当从21世纪国际竞争的焦点予以把握。而高校学生区别于中、小学生；高等体育教育区别于中、小学体育教育的界线，就在于注重提高高校学生的体育文化修养和提高对体育运动的欣赏能力；培养终身体育思想和学会科学锻炼身体的体育能力；并在激烈的体育对抗中，强健体魄，磨炼意志，发展个性，激发高校学生的潜在创造力的闪光点；及努力提高自己在21世纪寻求发展的竞争能力和适应能力。所以增强高校体育教育的首要任务，就是要深刻理解素质教育的核心是德、智、体、美等全面发展，而核心的先决条件是身体，即身体是载体，体育是基础，全面发展高校学生的思想品德素质、科学文化素质、劳动技能素质、心理素质及个性和思维素质等。并且积极理顺以文化素质教育为导向，以心理素质教育为中介，以健康教育为本体，以发展个性、激发潜在创造力和全面提高整体素质为目标的内在联系。这不仅有利于我们清除传统教育观念残留的重德、智，轻体育的片面性，而且也有利于把加强学校体育教育工作提高到通向世界，通向未来，通向教育现代化这样一个思想高度予以正视。保证德、智、体等全面发展的完整性和科学性。这样才能够不断地明确学校的办学指导思想，真正把培养21世纪人才作为学校的根本任务。

（二）从高校体育教育的社会意义上

把握思想要优化我国的经济结构，提高经济效益、加快经济发展、参与国际竞争，就必须培养和造就出能够担负起这一神圣使命的现代化建设者和接班人来。这就要求现代化的高等教育必须以中国的现代化建设事业为根本的出发点。摆正德、智、体诸要素之间的辩证关系。做到既分工明确、各司其职，又要相辅相成、互为所补。高校体育各司其职就是以其内在的运动规律，增强学生的身体素质，促进身体机能发育、形成健美的体格；就是以其独特的教学方法，培养学生勤劳、勇敢和顽强的意志品格；以其强烈的对抗，培养学生的竞争精神。互为所补，以其特有的心理训练方法，强化学生自尊、自信和自强的信念，开发学生的思维，提高学生分析问题和解决问题的能力。而已经到来的21世纪国际竞争的实质，是人才的竞争，人才竞争的关键是21世纪高校学生整体素质的提高。也只有整体素质好的人，才可能具有广泛采集信息、善于寻求战机和科学把握胜机的可能。对此，同仁们也很有高见，例如："人们总说足球运动员的门前射门意识差是临场紧张。我认为一个不可否认的因素是综合素质差，一跑起来就缺氧，怎么可能使耗氧量最大的大脑意识好呢，还有，人的心理素质也是与身体机能有联系的，不是抽象的。一个病态的身体，其感官便不健全；不健全的感官感应的外部世界也便是会扭曲变形的。"

事实证明，只有进一步加强高校体育教育改革，才有可能把高校学生培养成学识丰富、体魄强健、意志坚定、思想敏锐、富于开拓和敢于竞争的现代化新人，并在建设中国特色社会主义的伟大事业中，把充分发挥自己的聪明才智和实现自己的理想抱负有机地结合起来。而拓新高校体育观念，增强高校体育教育的另一个实质性的任务，就是要把发展学生个性，激发潜在的创造力，全面提高高校学生整体素质及提高他们在未来社会工作中的竞争能力和适应能力同造就中国现代化建设事业的接班人有机地结合起来，以唤起各级教育主管部门及各类高校领导的高度重视。努力克服因传统的体育教育观念形成的思想和体制障碍。妥善解决好高校体育教改中出现的："体制障碍难破、科研项目难上、基础设施难添、课程体系难改、技术职称难评、高层次人才难留"等客观问题。从而，将深化高校体育教学改革，提高到一个更加紧迫，更加重要的核心位置。这样，学校才会充满生机和活力，才会不断地向社会输送德、智、体等全面发展的高质量的人才及21世纪的高校学生们才会在社会各个方面建功立业，做出贡献。并不断地完善学校的教育功能和提高学校自身的社会地位与声誉。

（三）从21世纪人才战略的高度拓新观念

学校教育肩负着培养现代化人才的神圣使命。而作为构成现代高等教育要素之一的高校体育，应责无旁贷地发挥其特殊的作用。尤其是在面对已经到来的21世纪的人才挑战，是高校体育教育培养现代化人才的神圣使命。而作为构成现代高等教育要素之一的高校体育，应责无旁贷地发挥其特殊的作用。尤其是在面对已经到来的21世纪的人才挑战，高校体育教育更应该摆在优先发展的战略地位。这一点，毛泽东在《体育之研究》一书中曾做过深刻的分析，形象的比喻和明确的界定："体育一道，配德育与智育，而德智皆寄于体。无体是无德智也。体者，为知识之载而为道德之寓者也，其载知识也如车其寓道德也如舍。体者，载知识之车而寓道德之舍也。"由此不难看出，以增强学生体质、促进机能发育、令发展心理素质、培养开拓与竞争精神为宗旨的高校体育教育，其工作实质就是培养和造就现代化的知识和驾驭道德之战车，只有车和炮的现代化战车，才能在激烈的国际竞争中寻求有利战机和把握取胜时机的可能。所以，在21世纪之初许多国家都把高等体育教育改革，提高体育教育质量作为迎接挑战的一项重要举措。如日本的21世纪体育教研目标就非常明确："一是培养学生具有宽广的心胸、健壮的体魄和丰富的创造力；二是培养学生自由、自立和公共的精神；三是培养出面向全世界的日本人"。中共中央为实施我国21世纪人才战略，适应经济体制和经济增长方式两个根本性转变和迎接21世纪人才竞争，在"关于深化教育改革全面推进素质教育的决定"中明确指出："实施素质教育就是全面贯彻党的教育方针，以提高国民素质为根本宗旨，以培养学生的创新精神和实践能力为重点，造就有理想、有道德、有文化、有纪律的德智体等全面发展的社会主义事业建设者和接班人其内在的实质，就是要把我国21世纪的高等专业人才培养成为能够迎接21世纪新技术革命挑战的新人，能够参与全球性竞争与合作的新人及能够主动适应、积极推进，甚至引导一系列社会变革的现代化新型人才。所以，就必须把高校体育教育放在优先发展的核心位置，并在增强体质，发展个性，提高体育文化修养，激发高校学生潜在创造力的闪光点及提高其未来社会的适应能力和竞争能力方面，下大功夫，花大气力，深化改革高校体育教学方法、内容和课程体系，努力使我国的高校体育教育质量再上一个新的台阶。

三、拓新高校体育教育观念的综合性思考

(一)拓新高校体育教育观念

拓新高校体育教育观念的主旨就在于进一步唤起我国各级教育主管部门对高校体育教育的高度重视。让“全面发展”“协调发展”“完善发展”“发展个性”等高校体育教育思想真正地贯彻到当前的“素质教育”中去。从而使高校体育教育进入到长期、稳定发展的阶段。

(二)深化高校体育教学改革

首先是高校体育教育必须围绕把每一个建设者和接班人都培养成具有新的生命观、健康观、运动观、审美观、身心全面发展的,并能适应现代社会变革的现代化新型人才这个主导思想和总目标设置课程。其次是改革落后的教学内容和方法。注重学生的体育文化、修养培育;扩大高校学生学习体育的自主权和自由度;并在完善各级各类高校体育考核制度的基础上,杜绝把高校体育搞成应付体育加试的附属品。

(三)21 世纪人才战略的重要举措

把高校体育教育提高到培养 21 世纪人才战略的一个重要举措,绝不是一句空话。必须将其摆在优先发展的战略地位。增大对高校体育教育经费的投入,使高校体育随着“素质教育”的平稳发展,在原本较为薄弱的基础设施方面有一个实质性的突破与发展。

(四)总体发展趋势

现代化高校教育的首要任务,就是拓新高校体育教育观念,深化高校体育教学改革,并将其摆在优先发展的战略地位。这不仅是现代化高校教育发展的必然趋势,而且,也是针对 21 世纪国际人才竞争的应战。

四、转变观念是改革的关键

中国社会正由传统向现代化变迁,在这过程中,学校体育也必然受到社会变

革的冲击。当前的中国,教育发展滞后于社会整体发展,学校体育滞后于教育的发展,要使学校体育改革走出困境,首先要从改变观念着手。

西方国家的学校教育得到了前所未有的发展,学校体育从中得到了孕育。由此看来,现代学校体育在世界范围内也不过300年的历史,西方学校体育传入中国也仅有100年。但是,社会在发展,人类在进步,纵观世界各国学校体育的发展历程,我们不得不承认又一次处于落伍的境地。

固然古代"天人合一"的哲学思想与人文精神可以成为继承的宝贵遗产,但现代学校体育毕竟源于西方。在我们学习西方学校体育的同时,有不少人满足于规范的制度、统一的大纲、严密的结构与整齐的队形,甚至认为这是当代西方国家无法和我国比拟的优点。殊不知这些正是我们弱点的表现。因为规范不能和国情相结合,统一不能和灵活相结合,严密不能和活泼相结合,整齐划一不能和发展个性相结合,将导致中国学校体育永远是凝固与僵化,我们不能对世界各国学校体育的发展视而不见,在这里,我们首先要学习的是观念而不是形式。

作为影响学校体育发展的传统观念必须打破,我们列举的权威化、功名化、正统化、礼仪化和单一化五种价值取向对学校体育的发展与改革具有一定的消极作用,理所当然要用新的观念取代它们。但是,我们在学习西方先进的学校体育思想的同时,一定要结合中国的国情,决不能照抄照搬。我们确立的学校体育新思想必须能适应我国社会主义初级阶段的国情,又能适应世界发展的步伐,这也是我们改革的关键和难点所在。对中国高等体育教育发展模式的研究,主要是依据《教育法》规定的国家教育方针,着眼于受教育者及社会长远发展的要求,以面向全体学生、全面提高学生的基本素质为根本宗旨,以注重培养受教育者的态度、能力,促进他们在德智体等方面生动、活泼、主动地发展为基本特征的教育。素质教育要使学生学会做人、学会求知、学会劳动、学会生活、学会健体和学会审美,为培养他们成为有理想、有道德、有文化、有纪律的社会主义公民奠定基础。高校体育作为高等教育的重要组成部分理应树立改革的观念,顺应改革大潮,不断寻求改革的突破点。

但是,应该看到,由于我们高校体育理论发展得还不够成熟,学校体育的思想与实践还存在有一种随波逐流的盲从态势。尤其是表现为重发展的同时缺少理性的思考。缺少对新思想中基本观点的了解及对新思想系统的理解等,这些都不利于我们高校体育改革的"可持续性"发展。所以,入世后的中国高等教育要以全新的姿态迎接21世纪的人才挑战,首先,就必须全面了解素质教育的基本内涵。

五、素质教育的特征和特点

从理论上讲，我们所指的素质有狭义和广义之分。

狭义的素质指生理学和心理学上的素质概念，即人或事物在某些方面的本来特点和原有的基础。这种狭义的素质，更多地注重遗传的特点。

广义的素质一般泛指整个主体现实性和可能性，即在先天与后天共同作用下形成的人的身心发展的总体水平。

当然，在教育界，学者们对素质概念的理解和分类是有差别的。例如，有些学者把素质分为先天素质、身心素质、文化品德素质和国民素质。也有些学者认为，素质作为一个系统，大体上分为三个子系统。其一是身体层面的素质（简称体质），其二是心理个性层面的素质（简称品质），其三是社会文化层面的素质（简称素养）。第三个层面又包括思想道德素养（敬业），它最能体现一个人（群体）的思想觉悟和文化修养的程度。

可以看出，无论各位学者的观点如何，无论分类的差别有多大，我们讨论的素质肯定应该是综合性的，即素质是指广义的素质，而不是狭义的素质。

素质一般具有以下几个特点。

第一，素质是先天遗传性和后天习得性的辩证统一，是生物性与社会性的辩证统一。在这里，我国的学者强调后天习得性的重要性，由此，特别注重教育在人的发展中的意义。

第二，素质是内在性与现实性的辩证统一。素质是相对稳定的，具有一定的内在结构，这种内在性在一定的条件（或机遇）下可以呈现出来。

第三，素质具有整体性。人的素质是一个系统。各种素质构成整体的素质结构，合理的整体素质结构决定人的素质水平。

对于素质结构的划分有不同的观点。

在我国，有三分法，即德智体；有四分法，即德智体美；也有五分法，即德智体美劳。有学者认为，这种结构只有分析，没有综合，只有经验，没有心理。因此，认为这种素质结构缺乏科学依据。

国外有些学者提出素质结构的两维构造模式。据此，我国的一些学者也提出了两维素质构造的模式。例如，一维是德智体美劳，另一维是心理素质中的认知、情感、技能，由两维的交叉可以组合成15种素质。

第四，素质具有基础性。素质具有潜在发展的可能性，是人的未来发展的基础。

(一)素质教育及素质教育的特征

当前,我国对素质教育的基本内涵有了相对统一的认识。杭州高校的张定璋先生认为:“素质教育作为提高民族素质的基础工程,是在教育要三个面向的战略方针指引下,发挥每个学生的主动性,促进学生在德、智、体等方面生动活泼地主动地全面发展的教育”。也有些学者认为,素质教育实际上就是理想人格的教育,其目的是使受教育者学会做人、学会学习、学会生活。由于受篇幅的限制,我们不能一一列举各种观点。但是,可以看出,学者们的观点有一些共同性。这些共同性包括:素质教育强调全面性(全面提高全体学生素质),密切结合社会和人的发展的需要,注重发挥人的智力潜能,强调人的个性心理素质的培养。

由素质教育的基本内涵,我们可以看到素质教育应该具备以下特点。

素质教育弘扬人的主体性,注重开发人的智慧潜能,是注重形成人的精神力量的教育。这一点正是相对“应试教育”缺乏人格教育而言的。

素质教育是面向全体学生的。它要使每一个学生都能在他天赋的允许范围内得到充分的发展。从这一点上讲,素质教育也是“差异”性教育。它反对教育上的“平均主义”和“一刀切”。

素质教育要求人的全面发展。如前所述,它要求学生德、智、体并重,全面发展人的生理、心理和文化素质。

素质教育一般是指“基本素质教育”。素质教育既不是“英才”教育,也不是“升学”教育和“就业”教育,而是“为人生做准备”的公民教育。素质教育为了适应未来社会的职业流动性,它要求教育为学生打下良好的基本素质。素质教育要使学生学会学习,培养学生终身学习的能力和信息加工的能力。布鲁纳的“结构课程论”就很重视基本知识和知识结构。这种理论无须要求学校教授越来越多的学习内容,而是注重教授“最基本的知识点”,将来使学生能够以“不变应万变”。

(二)素质教育与全面发展教育

全面发展是教育领域的“专有”名词。它起源于古希腊的文化,发展于“空想社会主义”理论,完成于马克思主义关于人的“全面发展学说”。

从马克思主义的全面发展学说可以分析出,个人的全面发展应该是人的智力和体力广泛而充分的发展。这里的广泛是指全面而言,这里的充分是指个人的智力和体力应得到充分的发展。可以认为,这就是我们的全面发展教育的最基本的内涵了。如前所述,我国当前的全面发展的教育是根据国情,在此基础上发展起来的。

同心圆的圆心为人的“初始状态”,大(小)圆圈表示人的素质的全面程度。所不同的是,小圆圈表示人的素质没有得到充分的发掘,而大圆圈表示人的素质得到了充分发掘。多边形表示人的素质发展的不整齐,其中的某一种素质发展得较充分(接近大圆的素质),而有的素质发展得很不充分(接近圆心的素质)。可见,理想的状态是人的素质既全面又充分。在这里,我们可以把全面发展理解为两个层次。第一个层次是指人的智力(应该包括精神上的品德教育)和体力的全面发展,第二个层次是指人的身体的全面发展。因此,对人的身体的各种素质全面发展同样具有意义。

全面发展的教育是我国教育发展的基本方针。如前所述,对素质结构的划分提到的“五分法”,即德、智、体、美、劳就是全面发展教育的基本内涵的简单表述。这个基本方针,在我国教育发展的历史上曾起到过重要的作用。但是,随着教育科学的发展,随着社会的发展,随着教育要“三个面向”的提出,全面发展的教育无论在其内涵或表达方式上,都已经满足不了教育发展的需要了,正像社会上对人的发展从注重人“IQ”发展到注重人的“EQ”又发展到注重人的“AQ”一样,教育对认知、情感、技能等人的心理品质和人的社会性发展越来越被认为是一个基本的非常重要的问题。由此,不少学者提出了素质教育的基本内涵,如上所述,素质教育是在全面发展教育的基础之上的更趋于合理的、新颖的教育思想和新构建的教育体系。

参考文献

[1]潘晟,戴福祥.大学体育教学指导[M].苏州:苏州大学出版社,2003.

[2]唐长青.大学体育游戏创编与教学[M].北京:光明日报出版社,2017.

[3]时保平.健康、传承、弘扬 大学体育武术教育教学模式多元化构建研究[M].成都:四川大学出版社,2019.

[4]程瑾瑜.大学英语教学政策在体育院校的执行与反思[M].武汉:武汉大学出版社,2016.

[5]邵斌.大学公共体育专业化教学改革理论与实践[M].上海:上海大学出版社,2015.

[6]罗林.大学体育选项教学指导教程[M].天津:天津科学技术出版社,2008.

[7]刘建敏,王学先,尹建业.教育部全国高等学校体育教学指导委员会审定大学体育教育教程系列教材 大学体育与健康[M].北京:现代教育出版社,2012.

[8]吕高飞.大学体育教育理论与实践 基于体育与健康课程理念下的教学改革与思想[M].太原:山西人民出版社,2009.

[9]王安利.北京体育大学本科教学管理文件汇编 [M].北京:北京体育大学出版社,2005.

[10]海南大学课题组.1+1+2体育教学模式创新 海南大学"游泳特色教学"改革实验研究[M].北京:北京体育大学出版社,2004.

[11]曾佳.大学体育教学与管理研究[M].长春:吉林出版集团股份有限公司,2019.

[12]洪浩.大学体育教学大纲[M].开封:河南大学出版社,2017.

[13]李小华,杨锋.大学体育教学与管理[M].北京:中国戏剧出版社,2017.

[14]赵春琪.大学体育教学与管理[M].北京:科学技术文献出版社,2017.

[15]赵凤英.大学体育教学模式研究[M].哈尔滨:黑龙江教育出版社,2018.

[16]白茜,管菁菁,刘征宇.大学体育教学与实践研究[M].延吉:延边大学出版社,2018.

[17]姬红丽,张爱国.大学体育教学与竞赛活动研究[M].天津:天津科学技术出版社,2019.